カルヴァン説教集 **3**
Sermons de Jean Calvin

恵みによって

エフェソ書第2章（上）

Sermons de Jean Calvin sur l'Epistre
S. Paul Apostre aux Ephesiens

ジャン・カルヴァン＝著

アジア・カルヴァン学会＝編訳

キリスト新聞社

も く じ

装丁　桂川　潤

序

　カルヴァンのエフェソ書説教第3巻『恵みによって』をようやく上梓することができた。これは、パウロの記したエフェソ書第2章の冒頭部の救いに関する教えをカルヴァンが丁寧に、かつダイナミックに語り直した説教である。脱稿までには何度も訳文を検討することでその内容を心行くまで味わった。

　さて、以下の1で、この聖書箇所におけるパウロの福音理解をカルヴァンがどのように説教で表現したかについて短く解説しておこう。カルヴァンはこの説教において、福音の持つ救済の豊かさ、恩寵の崇高さを平明な言葉で鮮やかに表現している。2では、カルヴァンの説教の仕方や、原則について触れる。

1、福音の持つ救済のダイナミズム

　まず、カルヴァンはこの箇所を説教する際に、人間と神との関係を論じるだけでなく、自然との関係を視野に入れる。これはカルヴァンの神学思想に独特なものであるというより、むしろ今日の私たちの神学的視野から自然が抜け落ちただけのことである。この時代には神学を論じる上で、自然を視野に入れるのは当たり前のことであった。アウグスティヌス以来、「神は二冊の本を書いたが、そ

れは自然という本と聖書という本である」[1]と言われてきた。今後、あらためて自然を含めた神学思想の再構築が求められることになろうが、いずれにせよ神、人間、自然の三者を見据えてカルヴァンは説く。

エフェソ書第2章1節「**あなたがたは、以前は自分の過ちと罪のために死んでいたのです**」と語るパウロの言葉から、カルヴァンはパウロの心を深く察して説き明かす。人間は実に深刻な状態にある。その状態は自然世界よりも深刻である。むしろ自然世界は人間を呪っている。人間が神から離反し、神の意に反する生き方をしているので、神の創造秩序までも混乱させ、破壊しているからである。曰く、

> あらゆる被造物は、私たちがそれらを汚しているだけに、私たちを呪い、嫌い、復讐しようとしています。というのも人間の中に甚だしい**堕落**があるので、神が人間を造り変えてくださるまでは、天も地もそのせいで汚されているからです（第九説教25頁）。

これは、創世記第3章17節の「神はアダムに向かって言われた。『お前は女の声に従い、取って食べるなと命じた木から食べた。**お前のゆえに、土は呪われるものとなった**。お前は、生涯食べ物を得ようと苦しむ』」という言葉を思い起こさせる。すなわち自然世界には自由意志がないが、神の創造秩序に従って生きている分だけ、神に逆らい、堕落している人間よりも神に「従順」であるという点

---

1) *La Philosophie Médiévale*, Par Édouard Jeanneau, Press Universitaires de France, 1967, p.7: Livre de l'Écriture, livre de la Nature.『アウグスティヌス著作集18／II』（谷 隆一郎他訳、教文館、2006年）、416頁（第45編7節）参照。

で優っている。

　さらに、堕落した人間は自然世界と同列において議論できる状態にはなく、自然世界のレベルにも達してない。いや、自然世界は神の創造の秩序の中でそれぞれに与えられた分を果たして生きているが、人間は「**死んでいる**」、すなわち人間は堕落した状態にあるので、自然世界の昆虫などの生き物よりも価値がないと言う。

　　それゆえ人が自分自身とその性(さが)をよく見つめれば、いったい何が言えるのでしょうか。これこそ神に呪われた被造物で、蛆(うじ)やシラミ、蚤(のみ)や虫けらといった他の被造物と同列に置くことすらできないのです。なぜなら世にいる虫には人間にはないそれ以上の価値があるからです（第九説教 43 頁）。

　人間が他の被造物よりも劣っていると語る根拠はどこにあるのかと言えば、ローマ書第 1 章 18 節以下にこう記されている。「神の怒りは、不義をもって真理をはばもうとする人間のあらゆる不信心と不義とに対して、天から啓示される。なぜなら、神について知りうる事がらは、彼らには明らかであり、神がそれを彼らに明らかにされたのである。神の見えない性質、すなわち、神の永遠の力と神性とは、天地創造このかた、被造物において知られていて、明らかに認められるからである。したがって、彼らには弁解の余地がない」[2]。

　ここには、いかに人間が神の期待から遠い存在であるか、自然世界の方がまだ神に従順であるかが、端的に示されている。いったい

<hr />

　2)　口語訳聖書からの引用。『聖書』日本聖書協会発行、1955 年改訳。ローマ人への手紙第 1 章 18–20 節。

カルヴァンはなぜこれほどまでに人間を低く、哀れな存在として描こうとするのか、人間の悲惨さをなぜ赤裸々に指摘するのか。そこには深い理由がある。

すなわち、神の救いに関する、大いなる恵みに信頼しているからである。神の恵みは、最も低い者から最も高い者までも包括し、執り成す力がある。パウロは、フィリピ書第2章10節、11節においても「天上のもの、地上のもの、地下のものがすべて、イエスの御名にひざまずき、すべての舌が」父なる神を讃える<ruby>讃<rt>たた</rt></ruby>えると語っている。またカルヴァンは、後にエフェソ書第3章18節の説教（第20回）において、「キリストの愛の広さ、長さ、高さ、深さがどれほどであるか」とパウロが語る言葉から、キリストの愛の豊かさを説く（*CO* 51, p. 490 以下）。

本訳書の中で神の恵みの大きさを表現するカルヴァンの言葉を紹介しておこう。エフェソ書第2章4節、5節の「**憐れみに富みたもう神は私たちに注がれる大いなる愛をもって死者、亡者をも甦らせた**」（『カルヴァン聖書』訳）という言葉をめぐってである。

　　次に、神が命の教えを地獄の底まで届かせ、そこに沈んでいた私たちを甦らせようと望まれるのは驚嘆すべきことです。それだけに、私たちは一層神の恵みを讃美しましょう（第十説教 87 頁）。

「地獄の底」（profond des enfers）とカルヴァンが語るこの「地獄」は特に複数形が用いられている。ヘブライ語聖書では天を語る時に幾重にも層があると考え、複数形で天（シャマイム שָׁמַיִם）を語る。地獄に関しては、ギリシア語聖書に二種類（ゲエンナ γέεννα、ハーデース ῞Αιδης）の語が単数形で用いられるが、ギリシア世界にはや

8

はり地獄を複数形として捉える理解があり、カルヴァンは何度か自身の説教や著作で複数形を用いる。いずれにせよ、地獄が幾層にも分かれていても、神はその最深部（profond）にまで働いてくださる。神の恵みは人知を超えて大きく、人間には極めがたい。カルヴァンは言う。

　　神には私たちを魅了して止まぬ恵みがあったからです。その恵みは私たちの感覚をはるかに超えて大きく、それを味わおうと努めてみても、私たちにはその百分の一も味わえないほどなのです（第十説教 87 頁）。

　カルヴァンはこのように、神の恵みが私たちの感覚や想像をはるかに超えていかに大きいかを告げる。その恵みに信頼するからこそ、大胆に人間を低く、哀れな存在として直視しうる。人間の悲惨さを赤裸々に語ることができるのは、そのような人間を救い出すキリストの恵みに深く信頼するからである。私たちは改めて福音の包括性、普遍性に触れ、感謝と讃美の念を抱かざるを得ない。今回の、第3巻の題名は、このような理由から、特に『恵みによって』とした。

2、著者の意図を探り、著者を動かした神の御心に触れる

　カルヴァンの説教は、注解書も含めて、聖書を常に同じパターンで解釈する。すなわち、聖書を執筆した著者の意図を探る[3]。それを

---

3) 「今やパウロの意図は明白です（Ainsi donc, nous voyons maintenant l'intention de sainct Paul）」（第九説教 44 頁）など、文中には何度もカルヴァンが、著者パウロの意図を推し量る表現が見られる。詳細は拙著「聖書解釈と説

根拠に、さらに著者の心を動かし、書き記すように促した神の深い御心に思いを傾ける。これがカルヴァンの聖書解釈の原則である。カルヴァンは説教においても注解書の執筆においても、この基本原則から外れたことがない。しかし、他方この原則に沿って解釈を施しても、その語りが説得力を持ち、人の心を動かすには、解釈者が解釈の軸であり枠としての「教理」を常に念頭に置いて説き明かすことと、神の内的な働き、すなわち「聖霊の働き」に解釈者も読者も浴することが不可欠である。

「教理」は聖書から抽出する。抽出するというより、長い歴史の検証を経て生まれた聖書の教えの要点であり、人類に対する神の啓示と救済を土台とする。聖書の著者の意図を尋ねるとは、とりもなおさず、神の意図を問うところにまで至るが、神の意図とは、教理を超え、測りがたく崇高なものであっても、聖書から学び、教理によって確認することが私たち人間に求められている。神が自ら人間に分かるように人間の能力に適合（*accommodatio*）してくださったからである。よって、著者の意図を尋ねる作業の行きついたところが教理的な性格を帯びることは否めない。

「教理」はカルヴァンにとって聖書解釈の軸であり枠である。生涯、教理を念頭に置いて聖書解釈を行い、他方聖書解釈により新たに獲得された知見や証言を『キリスト教綱要』に書き加え、教理を大きなフレームで、かつ詳細に構築する作業を怠らなかった。聖書の繙読（はんどく）（*lectio*）と教理の構築（*doctrina*）は、いずれもカルヴァンの日々の神学活動の営みにおいて車の両輪のように同時に推移した。両者の関係についてはカルヴァン生誕500年記念論集『新た

教」、アジア・カルヴァン学会日本支部編『新たな一歩を――カルヴァン生誕500年記念論集』（キリスト新聞社、2009年）、58頁以後参照。

な一歩を』で詳述したのでここでは割愛する[4]。

　他方、聖書解釈によって語られた、あるいは書き留められた文章が聴衆や読者の心を打ち、感動を呼び起こすためには、「隠れた（arcana）」聖霊の働きが不可欠である[5]。そもそも聖霊によらなければ神の御心は分からないし、さらに語るところや書き留めて文字化された文章が聴衆や読者の心を動かすことはない。これは、非常に重要な点であるが、「神の霊の働き」であるだけに、そもそも拙文によって客観的に文章化して説明することは難しい。

　このことは次のような点からも了解いただけよう。すなわち、文字そのものは本来ひからびている。つまり文字そのものは万人に共通した記号であり、記号である限り、それは単に直線や曲線の組み合わせによる意匠に過ぎない。ここに血の通うものはない。いわば、未知の外国語に触れるようなものである。聖書の言葉で言えば、律法の条文を単に実践することに固執するなら、「文字は殺す」（Ⅱコリント 3:6）となる。しかし、この記号の意味するところが分かり、さらに記号を記号たらしめた内実、内容が深く掘り起こされる時、記号はむしろ「貴い神の御言葉」となる。しかも「貴い」と感じた時にすでに神の霊の働きの内にある。同じく聖書の言葉で言えば、生けるキリストの霊的な働きに与ることによって、覆いが除かれ栄光が現れる。すなわち、「霊は生かす」である。

　4）　同上、13 頁以下。
　5）　『キリスト教綱要』第 3 巻は聖霊論を展開するが、その表題が「御霊の隠れた働き（arcana operatione spiritus）」である。カルヴァンが好んで「arcana」を用いた点を指摘しているのは、H. A. オーバーマン著『二つの宗教改革——ルターとカルヴァン』（日本ルター学会・日本カルヴァン研究会訳、教文館、2017 年）、223 頁。「いかなる中世の神学者も、中世後期の著述家も、一六世紀の他のいかなる改革者も、カルヴァンほどしばしば熱心に『隠れた』（secret）という言葉を使った者はいない」。

よって、カルヴァンの説教や注解書を読む場合、そこに秘められた神の深い御心と貴い働きに心を向けなければならない。しばしば、カルヴァンは、聖書の字句を詳細に解説し、このパターンにひたすら固執する冷徹な牧師であったと評され、しかも聴衆にこのような説教を忍耐して聞くように要求した厳格な教会指導者と見る人もいるが、それはまったくの誤解である。実際はジュネーヴの教会はなんと霊的に満たされていたことか。

　詳細は上述の拙稿で論じたので、ここでの解説は割愛するが、「著者の意図を問う」という読み方はカルヴァンの聖書解釈の原則として今日の学者たちも認めている[6]。それにしても、カルヴァンは著者の意図を尋ねることを聖書解釈の第一原則に据えるので、その結果、自己を語らないという姿勢は生涯続いた。つまり自分の考えや意見、体験、例話などは脇に置いて、まず徹底的に著者の語ろうとしていることに全精神を集中した。続いて、神の御心が明らかになると、それを今の出来事として語ったのである。

　ハイコ・オーバーマン著『二つの宗教改革』は、カルヴァンの自己を語らない姿勢が彼の思想の中軸に関わる線上にあると語り、それはカルヴァンが「真の合同教会」を発見したからに他ならないとするが、確かに一理ある[7]。しかし、それは聖書解釈上、もっと意図的なものであり、方法的に明確なものであった。すなわち毎日聖書解釈を行ったカルヴァンにとって、自己を語らないことは対象に語らせることを優先させた結果に他ならない。

　リチャード・ムラーは『包括されないカルヴァン』において、カルヴァンが自己を語らない理由について、当時、人の内面の変化や

---

6)　T. H. L. Parker, *Calvin's New Testament Commentaries*, second edition（Edinburgh, T&T Clark, 1993), p. 92 他。

7)　前掲書、219 頁、221 頁。

回心などは重視されなかったと説明するが、それも十分な指摘とは言えない[8]。ルターを見れば、まったく当てはまらない。そうではなく、「自分を語らず対象に語らせる」とは、明確な方法論なのである。これは別の角度から言えば、アウグスティヌスの聖書解釈の基本にある「ものとしるし」という視点を聖書解釈に実際に生かす上で、カルヴァンが具体的に取り組んだ方法である。これについては『カルヴァン研究』創刊号の第6論文で扱ったので、ここでは省略するが[9]、カルヴァンの聖書解釈の原則は彼の考案したものではなく、聖書解釈の伝統的・歴史的な流れの上にある。ただし、カルヴァンはこの解釈を自分なりに工夫して、見事な作品を遺した。

　「テキストの立ち上がり」[10]という、説教を準備する際に、最後に到達する境地とは、自己卑下、すなわち「無私（self-emptiness）」という明確な方法で獲得できる。しかし、カルヴァンは「無私」という方法で聖書を解釈したとしても、そこで満足しない。例えば、1世紀のエフェソの社会が甦っても、そこに救いがあるわけではない。著者の心を尋ね、さらに著者を動かした神の御心、その貴い働きに思いを向ける時、初めて聖書の真理に触れる。それは極めて霊的な取り組みである。何よりも説教者の内に霊的な喜びが溢れ、力の充満する時である。カルヴァンは毎朝1時間の説教をしてから多くの課題と業務に取り組んだ。その活動は55歳で死去する数か月前まで続いた。聖書解釈、特に説教はカルヴァンにとって霊的な

---

8)　Richard Muller, *The Unaccommodated Calvin*（New York: Oxford University Press, 2000）, p.21ff.

9)　アジア・カルヴァン学会日本支部、日本カルヴァン研究会編『カルヴァン研究』創刊号（ヨベル、2018年）。

10)　『説教黙想集成1　序論・旧約聖書』（加藤常昭編訳、教文館、2008年）、22頁以下。「聖書の言葉の立体化」と言う。

養いを得る最良の実践であった。

3、翻訳にあたって

　翻訳に関する詳細については、第1巻『命の登録台帳』の序、4「翻訳に使用した底本について」以下を参照されたい。今回も、使用したテキストは、カルヴァンの『エフェソ書説教』であり、『宗教改革者全集』（*Corpus Reformatorum*）の第79巻にある『カルヴァン著作集』第51巻（*Ioannis Calvini Opera quae supersunt omnia / ediderunt, Guilielmus Baum, Eduardus Cunitz, Eduardus Reuss; v. 51, Johnson Reprint, 1964*）である。

　なお、聖書に関しては、断り書きがなければ、『新共同訳聖書』（日本聖書協会）の表記や訳文を用いた。また本文中の太字は、当該説教の聖書箇所であり、『カルヴァン聖書』の訳（上記 *CO*, 57, p.31）を用いた。ただしカルヴァンは説教の中で少し言い換えたり、意訳したりする場合があるので、翻訳上、左頁に掲載している仏文テキストを訳して掲載した。

　ギリシア語聖書は、『ネストレ‐アーラント版第26版』を使用した。

　その他、本文中の略記・表記については、第1巻、第2巻の序を参照されたい。

野　村　　信

恵みによって

エフェソ書第 2 章（上）

ジャン・カルヴァン

NEUVIEME SERMON
Chap. II, v. 1–5

Καὶ ὑμᾶς ὄντας νεκροὺς τοῖς παραπτώμασιν καὶ
ταῖς ἁμαρτίαις ὑμῶν, ἐν αἷς ποτε περιεπατήσατε κατὰ
τὸν αἰῶνα τοῦ κόσμου τούτου, κατὰ τὸν ἄρχοντα τῆς
ἐξουσίας τοῦ ἀέρος, τοῦ πνεύματος τοῦ νῦν ἐνεργοῦντος
ἐν τοῖς υἱοῖς τῆς ἀπειθείας· ἐν οἷς καὶ ἡμεῖς πάντες
ἀνεστράφημέν ποτε ἐν ταῖς ἐπιθυμίαις τῆς σαρκὸς ἡμῶν
ποιοῦντες τὰ θελήματα τῆς σαρκὸς καὶ τῶν διανοιῶν,
καὶ ἤμεθα τέκνα φύσει ὀργῆς ὡς καὶ οἱ λοιποί· ὁ δὲ
θεὸς πλούσιος ὢν ἐν ἐλέει, διὰ τὴν πολλὴν ἀγάπην
αὐτοῦ ἣν ἠγάπησεν ἡμᾶς, καὶ ὄντας ἡμᾶς νεκροὺς τοῖς
παραπτώμασιν συνεζωοποίησεν τῷ Χριστῷ, -χάριτί
ἐστε σεσῳσμένοι-   『ギリシア語聖書』

**1. Et vous, quand vous estiez mortz par voz defautes
et pechez, 2. esquelz quelque temps avez cheminé selon
le cours de ce monde, selon le prince de la puissance de
l'air, qui est l'esprit qui besongne maintenant es enfans
d'infidelité: 3. esquelz aussi nous tous avons conversé
quelque temps, assavoir es desirs de nostre chair, faisans
la volonté de la chair et des pensées, et estions de nature**

第九の説教

第2章1–5節

1. さて、あなたがたは、以前は自分の過ちと罪のために死んでいたのです。2. この世を支配する者、かの空中に勢力を持つ者、すなわち、不従順な者たちの内に今も働く霊に従い、過ちと罪を犯して歩んでいました。3. わたしたちも皆、こういう者たちの中にいて、以前は肉の欲望の赴くままに生活し、肉や心の欲するままに行動していたのであり、ほかの人々と同じように、生まれながら神の怒りを受けるべき者でした。4. しかし、憐れみ豊かな神は、わたしたちをこの上なく愛してくださり、その愛によって、5. 罪のために死んでいたわたしたちをキリストと共に生かし、――あなたがたの救われたのは恵みによるのです―― 　　　　　　　　　　　　　　　　　　　　　　『新共同訳聖書』

1. さて、あなたがたは、自分の過ちと罪によって死んでいた時、2. この世の慣わしに従い、空中に勢力を持つ君主に、すなわち、不従順の子らに今も働く霊に従い、しばらくはそうした方向に進んでいました。3. わたしたちも皆、このような者たちと交わり、肉の欲により、肉と心の赴くままに行い、ほかの人たちと同じように、生まれながらの怒りの子でした。4. しかし、憐れみ豊かな神は、わたしたちを愛し、その大いなる愛によっ

enfans d'ire, comme les autres. 4. Mais Dieu qui est riche en misericorde, par sa grande charité de laquelle il nous a aymez, 5. du temps mesme que nous estions mortz par les pechez, il nous a vivifiez ensemble avec Christ car vous estes sauvez par grace, 『カルヴァン聖書』

Nous avons desia veu par ci devant, que pour bien cognoistre la bonté infinie de Dieu, il nous faut tousiours regarder quels nous sommes et quelle est nostre condition, iusques à ce que Dieu ait eu pitié de nous, à fin de secourir à nos miseres.

Car iusques à ce que les hommes ayent ainsi examiné combien ils sont povres et miserables, il est certain que iamais ils ne rendront à Dieu la centieme partie de l'honneur qu'il merite.

Retenons bien donc ceste leçon, c'est que pour rendre à Dieu la louange que nous luy devons, que chacun pense quel il seroit, sinon que Dieu luy eust tendu la main.

Et de faict, quelle est nostre nature en general? C'est que nous ne pensons sinon tout mal: comme aussi S. Paul tend à ce propos maintenant.

Au premier chap. il a tousiours poursuivi cest argument, que nous ne sçaurions assez exalter nostre Dieu, attendu la misericorde dont il a usé envers nous.

て、5. 罪のために死んでいた時でも、わたしたちを恵みによって救い出し、キリストと共に生き返らせてくださったのです。

『カルヴァン聖書』訳

　私たちはすでに、神の限りない慈愛をよく知るためには、自分がどのようなものであり、どのような状態にあるかをいつも見つめなければならないと教えられてきました。神が私たちを憐れみ、惨めさから救い出してくださるまでの状態についてです。

　というのは、自分がいかに貧しく惨めであるかを顧みるまでは、確かに神にふさわしい栄誉を百分の一ほども捧げていないからです。

　それだから、「神にふさわしい讃美を捧げるには、神が御手を差し伸べてくださらなかったなら、どのようになるのかを一人ひとりが考えてみよ」[1] というこの教えを心に留めましょう。

　実際、私たちの本性は、そもそもどのようなものでしょうか。悪しきことばかり考えているものです。それをパウロはここでも示そうとしています。

　第1章で、彼は、神が私たちに向けてくださった憐れみを思えば、私たちはどんなに神を讃えても十分でないと終始説いて

---

1) 『ジュネーヴ教会信仰問答』問7を参照。

Or maintenant pour mieux exprimer encores cela, et à fin que nous en soyons touchez plus au vif, il nous monstre comme en peinture et en un miroir quels sont les hommes, iusques à ce que Dieu les ait prevenus de sa grace, et qu'il les ait recueillis à soy.

Il monstre donc que nous sommes tout plongez en un abysme si horrible, que quand nous y pensons nous devons estre confus, les cheveux nous doyvent dresser en la teste: car là dessus il est impossible que nous ne soyons esmeus et enflambez à benir le nom de Dieu, d'autant qu'il nous a ainsi cerchez au profond d'enfer pour nous attirer au royaume des cieux.

Et nostre Seigneur Iesus Christ, pour nous declarer en quel estat il nous trouve, dit qu'il est venu à fin que les morts ressuscites à sa voix. Voici donc l'office que s'attribue le Fils de Dieu, c'est que par la doctrine de son Evangile il nous retire de mort à vie.

Comme aussi il adiouste que tous ceux qui croiront en luy, sont passez de la mort en laquelle ils estoyent detenus, pour entrer en la vie celeste: non pas que les fideles en iouissent ici encores: mais ils la possedent tellement par esperance, qu'ils en sont tout asseurez.

Or quand nostre Seigneur Iesus Christ dit que sa voix a ceste vertu de ressusciter les morts, il prend cela par similitude. Car quelque vie que nous cuidions avoir, si est-ce qu'estans

いました。

さて今、パウロは、その点をもっとよく説明し、私たちが一層核心に迫れるように、神がその恵みを告げて、御許に呼び寄せてくださるまでは、私たちがどのような状態にあるのかを、絵や鏡で見るかのように示しています。

そこでパウロは、私たちがかくも恐ろしい奈落の底に沈んでいるので、それを考えると、髪が逆立つほど恥じ入ってしまうと述べているのです。というのは神が私たちを天の御国へ招き入れるために、このように地獄の底まで探し求めてくださったのですから、神の御名を讃えるようにと心を動かされ、燃え立たされずにはおれないからです。

主イエス・キリストは、私たちがどのような状態にあると見ておられるかを告げるため、「私の声で死者を甦らせるために来た」[2] と言っておられるのです。神の御子に委ねられている務めは、福音の教えによって、私たちを死から命へと引き出してくださることだからです。

また主を信じる者は誰でも、捕らわれていた死から解かれて天上の命へ入ると言葉を続けておられます。信仰者は地上ではまだそれを享受してはいませんが、希望によって充分得ており、まったき確信の内にあります。

ところで主イエス・キリストが、「私の声には死者を甦らせる力がある」と言われる時、主は類比的に語っておられるのです。なぜなら、たとえ私たちがどのような命を持ちたいと思っ

---

2) ヨハネ 5:25。

separez de Dieu nous sommes en une mort spirituelle: combien que tous incredules cuideront et en leur sagesse et en leur vertu estre plus que vivans. Or ils s'endurcissent en cela, et s'y glorifient iusques au bout.

Mais regardons où est la fontaine de vie: elle est en Dieu: et ils en sont alienez.

Regardons aussi quelle est la vraye vie de l'homme: ce n'est pas qu'il soit fin, et que par ses finesses et astuces il puisse bien faire ses besongnes en ce monde, qu'il puisse acquerir grand renom, qu'il puisse estre subtil et bien advisé pour donner conseil à tous autres:

ce n'est pas qu'il soit excellent en toutes sciences humaines et en tous arts: ce n'est pas aussi qu'il soit prisé et renommé comme magnamine, ou ayant d'autres vertus qui sont louables entre les hommes:

mais il faut commencer plus haut, c'est que nous cognoissions Dieu estre nostre Pere, que nous soyons gardez par la clairté de sa parole, et illuminez en la foy pour cognoistre le chemin de salut, et que nous sçachions que tout nostre bien gist en luy, à fin que nous l'y cerchions en toute humilité: que nous cognoissions aussi le moyen comment nous pourrons parvenir là, c'est à sçavoir ayant nostre Seigneur Iesus Christ, auquel toute plenitude de grace nous est presentée.

Voilà quelle est la vie spirituelle des hommes, et où elle gist, c'est à sçavoir en la clairté de la parole, et en la vertu de

ても、神から離れていては、霊的に死んでいるからです³⁾。不信仰者たちは自らの知恵や徳の点で大いに生き生きしていると思い込んでいますが、彼らはそれによって頑<ruby>頑<rt>かたく</rt></ruby>なになり、どこまでも自分を<ruby>讃<rt>たた</rt></ruby>えているのです。

しかし、どこに命の源泉があるのかを考えてみましょう。それは神の中にあり、彼らはそこから遠ざかっているのです。

また人間にとってまことの生命とは何かを考えてみましょう。利口であることではなく、その賢さと巧妙さで世事をうまくこなすことでもありません。大きな名声を得ることでも、他者に助言をするほど鋭敏で、思慮深いことでもありません。

あらゆる学問や諸芸に秀でることでもなく、高潔な人として、また人々に敬われる数々の徳があるというので讃えられ、名声を得ることでもありません。

そうではなく、もっと高いところから始めなければなりません。神が私たちの父であると知り、御言葉の光によって守られ、救いの道が分かるように信仰により照らされ⁴⁾、私たちのよきものは皆神の内にあると知り、心から謙虚になって探し求めることなのです。またそこへどのようにして到達できるのか、その手立てを知ることです。要するに、満ち溢れる恵みを私たちに差し出してくださる主イエス・キリストを得ることです。

人間の霊的生命とはどのようなものか、どこにあるのかと言えば、それは御言葉の光と神の御霊の力の中にあります。アダ

---

3) 「肉体的な病や死からの回復」に対して「霊的な死からの回復」があることを意味している。本説教の最後の部分を参照（69頁）。

4) 詩編 119:105 など参照。

l'Esprit de Dieu: que nous soyons reformez à ceste image qui a esté perdue, et laquelle par le peché d'Adam a esté effacee en nous.

Et cela se trouvera il entre les hommes prophanes? voire entre ceux qui sont les plus honorez? Il est certain que non.

Ainsi donc ce n'est point sans cause que nostre Seigneur Iesus use de ceste similitude-là, disant que par le moyen de l'Evangile nous sommes ressuscitez.

Car combien que nous florissions, combien que devant les hommes nous ayons quelque beau lustre, et qu'il semble qu'il y ait de quoy pour nous faire valoir, nous sommes povres charongnes, il n'y a que pourriture et infection en nous, Dieu nous tient abominables, nous sommes damnez et perdus devant luy, les Anges nous ont en detestation, toutes creatures nous maudissent et nous detestent et demandent vengeance contre nous, d'autant que nous les polluons: car il y a telle corruption en l'homme, qu'il faut que le ciel et la terre en soyent infectez, iusques à ce que Dieu l'ait changé.

Voilà donc ce qu'emporte la sentence de nostre Seigneur Iesus Christ, c'est que iusques à ce que nous soyons renouvelez par l'Evangile et par la foy qui en procede, que nous sommes comme trespassez, il n'y a nulle goutte de vie en nous qui merite d'estre tenue pour telle: brief nous sommes comme plongez au sepulchre, et faut que luy nous en retire:

et en nous declarant que nous sommes retranchez du

ムの罪により私たちの中から消えてしまい、失われた「似像」⁵⁾（にすがた）
に、私たちが造り変えられることなのです。

　このことは世間の人々の中に見られるでしょうか。最も誉れ
ある人々の中に見られるでしょうか。そうではありません。

　ですから主イエスが「福音を通して私たちは甦る」⁶⁾ という
類比を用いているのは当然のことなのです。

　なぜなら私たちがいかに富み栄えようと、また人々の前でな
んらかの名声を博したり、あるいは自分を称賛させるものがあ
るように見えても、私たちは哀れな屍（しかばね）であり、私たちの中には
腐敗と汚れしかなく、神によって忌むべきものとされ、神の前
で断罪され、破滅し、天使たちに嫌悪される者だからです。あ
らゆる被造物は、私たちがそれらを汚しているだけに、私たち
を呪い、嫌い、復讐しようとしています。というのも人間の中
に甚だしい堕落があるので、神が人間を造り変えてくださるま
では、天も地もそのせいで汚されているからです⁷⁾。

　それゆえ主イエス・キリストの言葉が意味しているのは、私
たちが福音とそれに基づく信仰によって新たにされるまでは死
んでいるも同然であり、およそ命とみなされるにふさわしいも
のを一滴も持っていないということです。つまり私たちは墓に
放り込まれたような者であり、主がそこから引き出してくださ
らなければならないのです。

　私たちが神の国から切り離されており、よって私たちの内に

　5）　創世記 1:26–27。
　6）　ヨハネ 5:24。
　7）　創世記 3:17。

royaume de Dieu, et par consequent qu'il n'y a que pourriture en nous, que toutes fois Dieu veut estre conioint et uni avec ceux qui mettent leur fiance en luy et en sa bonté. Voilà (di-ie) comme nous ressuscitons.

Bref, il faut tousiours regarder que l'homme en naissant apporte la mort avec soy,

non seulement pource qu'il est mortel,
mais d'autant qu'il est separé de Dieu:
nous sommes creatures mortelles,
d'autant qu'il nous faut passer seulement par ce monde,
et en desloger quand il plaira à Dieu:
mais desia nous sommes morts.
Et comment?
Pource que nos ames sont du tout vicieuses.

Il n'y a ne pensee ni affection en nous qui ne tende à mal, et tout est comme repugnant à Dieu et à la reigle de sa iustice: quand nous imaginons ou ceci ou cela, iamais nous ne pourrons forger en nostre esprit que peché et iniquité. Comme il est dit en Genese que Dieu a cognu que tout ce que l'homme a en sa pensee et en son cerveau n'est que vice.

Or puis qu'ainsi est, apprenons, encores que nous eussions cognoissance du bien et du mal, que nous eussions prudence et discretion plus grande que nous n'avons pas, si est-ce que nous

は腐敗しかないと告げながらも、神は御自身とその慈愛に信頼を置く者たちと結びつき、一つであることを望んでおられます。私たちが甦るというのはこういうことです。

　つまり、人は生まれながらに死と共にあるということをいつも考えなければなりません。

　　　人は死すべきものであるばかりか、
　　　神から切り離されているのだから、
　　　我らは死すべき被造物。
　　　この世は通り過ぎるだけで、
　　　神の御心次第で世を去るのだ。
　　　いや、私たちはすでに死んでいる。
　　　なぜかと言えば、
　　　魂が腐敗しきっているからだ。

　私たちの中には悪に向かう考えと気持ちしかなく、何もかもが神とその正義の掟に逆らうものなのです。私たちがあれやこれや考えても、心に浮かぶのはただ罪と不正だけです。創世記にあるように、神は「人が心に思い量ることは悪ばかりである」[8]ことをご存じです。

　そういうわけで以下のことを心得ましょう。私たちは善悪を弁え、今以上に賢慮と慎みを持っていたとしても、甚だしく堕落していて、私たちが望み、欲することはすべて神の意に逆ら

8）　創世記6:5。

sommes si depravez que tous nos desirs et appetis sont rebelles à Dieu comme pour luy faire la guerre.

Puis donc que nous sommes ainsi corrompus en nos ames, et qu'il n'y a ni pensees ni affections que tout ne soit perverti, ne trouvons point estrange que Dieu prononce de sa bouche que nous sommes morts, combien que par folle outrecuidance nous imaginions qu'il y ait quelque vie en nous.

Et c'est ce que maintenant sainct Paul traitte, en disant que les Ephesiens ont esté participans de la grace dont il a fait mention ci dessus, encores qu'ils fussent morts par leurs pechez et iniquitez. Comme s'il disoit,

Pour bien estimer que vaut la grace de Dieu
et ce qu'elle emporte,
non seulement pensez à vostre condition presente,
mais regardez que si Dieu vous eust laissez
tels que vous estiez,
et que il ne vous eust point subvenu,
tellement que vous eussiez continué en vostre train,
que c'estoit de vous.

Regardez quelle est vostre nature:
car vous estiez morts,
et il n'y avoit plus d'esperance d'estre iamais vivifiez,
d'autant que cela n'est pas au franc-arbitre de

い、戦いを挑むようなものであることを。

　ですから、私たちの魂はこのように腐敗しており、考えも気持ちもすべて堕落しているので、愚かな自惚れから、自分たちにはなんらかの命があると思い込んでいるにしても、神がその口から「あなたたちは死んでいる」と告知されるのは不思議なことではありません。

　パウロが論じているのはまさにこの点であり、「**エフェソの人々は罪と咎によって死んでいた**」〔2:1〕が、今や先に述べた「**恵みに与る者となった**」と言っているのです。彼はあたかもこう言っているようです。

　　　神の恵みとその果実を味わうには、
　　　自分の今の有様を省みるだけでなく、
　　　よく考えてみよ。
　　　もし神にそのまま放っておかれ、
　　　助けていただけず、
　　　己が道を進んでいたなら、
　　　どうなっていたかを。

　　　自分の本性がいかなるものかを考えてみよ。
　　　お前たちは死んでいて、
　　　生かされる希望ももはやなかったのだから。
　　　すでに死んでいる以上、自由意志で

l'homme de se donner la vie, quand desia il est trespassé.

Cognoissez donc que vostre Dieu vous a tirez des
abysmes de toute ruine,
voire du profond d'enfer,
quand il luy a pleu vous adopter pour ses enfans
et vous appeler à la cognoissance de son Evangile.

Nous voyons comme ceste sentence de sainct Paul est conforme à la doctrine et au tesmoignage de nostre Seigneur Iesus Christ.

Ainsi donc, revenons tousiours à nostre origine, quand nous serons tentez de nous glorifier en nos vertus et que nous cuiderons avoir ie ne sçay quoy pour nous eslever: venons à nostre estat naturel, regardons que c'estoit de nous, et que ce seroit encores auiourd'huy, sinon que Dieu par sa misericorde infinie nous eust retirez de la confusion en laquelle nous estions, et qu'il nous en eust delivrez par le moyen de nostre Seigneur Iesus Christ.

Or notamment il est dit, *En offenses et pechez,* pour clorre la bouche à tous hommes, à fin que nul ne pretende de se retirer du rang commun, et aussi qu'on ne cuide pas que ce soit une chose si griefve que la corruption de nostre nature, qu'il se falle arrester à la mort.

命を手に入れることなどできやしない。

よく弁えよ。
神がお前たちをまったき破滅の淵、
地獄の底から救い出してくださったことを。
御心によってお前たちを養子とし、
福音を知るように招かれたのだから。

　パウロのこの言葉がいかに主イエス・キリストの教えと証言にかなっているかが分かります。
　そこで私たちは、自分の徳を誇りたい誘惑に駆られ、何かしら己を高めるものを持っていると思い込む時には、自分の生来の姿について思い起こしましょう。自らの本来の姿に戻り、いかなる者であったのかを見つめ、神が尽きぬ憐れみで、陥っていた混乱から私たちを引き上げ、主イエス・キリストによって救い出してくださらなかったなら、今もそこに留まっているはずだったことを考えましょう。

　ここで特に「**過ちと罪のために**」と言われているのは、すべての人の口を閉ざすためであり[9]、誰も「自分は世の人々とは同列ではない」などと主張しないように、また「我々の本性の腐敗はそれほど深刻なものでなく、死んだら消え失せる」などと誰にも思い込ませないためです。

9）「すべての人の口がふさがれて、全世界が神の裁きに服するようになるためなのです」（ローマ 3:19）。

Si sainct Paul eust seulement mis un de ces deux mots, ou Offenses, ou Pechez, incontinent il y eust eu des responses et repliques. Car les uns eussent pensé qu'ils n'estoyent pas du rang commun. Les autres eussent dit, Et bien, s'il y a quelque peché en nous, s'il y a quelque faute, ce n'est pas à dire que nous soyons du tout condamnez et maudits de Dieu: et usera-il de telle rigueur et extremité contre nous?

Or sainct Paul a conioint deux mots pour monstrer qu'en nostre nature il n'y a sinon que toute iniquité et vice: brief, qu'on n'y sçaura pas trouver une goutte de vie. C'est donc comme s'il vouloit aggraver ce que les hommes veulent amoindrir de leur part.

Car si nous n'avons que quelque petite portion de vertu, voire et en ombrage, nous voudrons eslever cela plus haut que toutes les montagnes du monde. Mais s'il y a des vices, combien qu'ils soyent gros et espez, tant y a que nous en faisons des fautes bien legeres.

Il estoit donc besoin que sainct Paul rabatist ceste fole presomption des hommes, et qu'il leur monstrast qu'ils sont pleinement confits en peché. Car combien qu'il s'adresse ici aux Ephesiens, si est-ce qu'en general il parle à tous.

Et de faict, il exprime mieux encores cela, en disant *que nous avons cheminé selon le cours du monde*: car le mal est caché, iusques à ce qu'il se declare par les fruicts.

もしパウロが「**過ちと罪**」という二つの言葉の片方しか使わなかったなら、すぐさま口答えや反論がなされたでしょう。というのも、ある人は「自分は世の人々とは同列ではない」と考えただろうし、またある人は、「自分になんらかの罪や欠陥があっても、神から完全に断罪され呪われているわけではないし、神はそこまで手厳しく徹底的に私たちを扱われるだろうか」と言ったはずだからです。

　しかしパウロは二つの言葉を並べ、私たちの本性には「**不正**」と「**悪徳**」しかないことを示しているのです。つまりそこには一滴の命すら見出せないのです。ですから、彼は、人が大したことではないと思いたいことを重大視しているとも言えます。

　なぜなら私たちは、わずかな徳、それも人目につかぬほどの徳しかなくとも、それを世界のあらゆる山々より高く掲げたいと思うからです。だが悪徳がある場合、それがどれほど大きく計り知れないものであっても、軽い過ちにしてしまうのです。

　それゆえパウロは人間のこの愚かしい思い上がりを打ち砕き、彼らは罪にたっぷりとつかっていると示さねばなりませんでした。パウロはこの手紙をエフェソの人々へ宛てていますが、一般的に、すべての人を対象として語っているのです。

　実際、彼は「**わたしたちは世の慣わしに従って歩んできました**」と言って、そのことをさらに説明しています。悪はその果実によって明らかになるまでは隠されているからです。

Et voilà pourquoy les hommes ne se peuvent humilier devant Dieu comme il seroit requis, c'est qu'ils se flattent iusques à ce qu'ils soyent convaincus, et qu'ils soyent contraints en despit de leurs dents de s'humilier et de baisser la teste.

Car nous voyons l'hypocrisie qui est en nous, tellement que nous nous voulons faire à croire que le noir est blanc, et iamais nous ne passons condamnation, cependant qu'on ne nous peut produire nos fautes en avant, et qu'il n'y a point de tesmoignage tant patent pour nous clorre la bouche: et nous n'estimons point peché quand nous aurons beaucoup de mauvaises pensees, ou bien que nous serons induits à ceci ou à cela.

Brief, ce n'est point sans cause que sainct Paul a mis que les Ephesiens cheminoyent en leurs pechez, à fin de leur monstrer qu'il ne parle point de chose qui leur doyve estre incognue. Car en contemplant leur vie, en contemplant quels ils ont esté et quel train ils ont suyvi, il faudra qu'ils confessent que du tout ils estoyent perdus et maudits devant Dieu.

Et ainsi apprenons quand nostre hypocrisie empeschera de nous renger devant Dieu et d'estre bien abatus en cognoissant nos pechez, de regarder à nostre vie.

Vray est que quand nous aurons apperceu un milion de fautes que nous aurons commises, ce n'est encores rien au pris de ce que Dieu cognoist. Mais tant y a que pour bien nous esveiller, à fin que nous ne soyons point abusez en nos

それゆえ人間たちは、神の前にふさわしい仕方で謙ることができないのです。納得させられ、不本意ながら謙らされて、頭を垂れることを余儀なくさせられるまでは自惚れているものです。

　私たちの中には、黒を白と自分に信じ込ませようとするほどの偽善があり[10]、自分の過ちを指摘されない限り、また自分の口を閉ざすに足る明らかな証拠がない限り、非を認めないのです。私たちは多くの悪しき考えを持ったり、あれやこれやと惑わされている場合には、罪を認めません。

　要するに、エフェソの人々は罪の中を歩んでいるとパウロが言ったのは当然で、彼らの身に覚えのないことを語っているのではないと示すためです。なぜなら自分たちの生活を顧み、自分たちがどのような者で、どんな歩みをしてきたかを顧みるなら、神の前ではまったく堕落し、呪われた者だったと認めざるを得ないからです。

　それだから、神の前に出て、自らの罪を認め、打ち砕かれることが偽善のせいでできない時には、自分たちの生活を振り返るようにしましょう。

　自分で犯した幾多の過ちに気づいても、神がご存じのことに比べれば無に等しいのです。しかし、いずれにせよ、私たちが当たり前にしている自惚れに騙されないように、しっかりと目を覚ましておくために、常に実から根を判断しましょう[11]。

10）　イザヤ 5:20。
11）　マタイ 7:17–18、12:33。

flatteries, comme nous avons accoustumé, que tousiours nous iugions de la racine par les fruits.

Voyant donc que nous sommes coulpables en tant de sortes d'avoir offensé Dieu, que là dessus nous concluyons qu'en nostre nature il n'y a que toute perversité.

Or pour mieux monstrer que sainct Paul ne parle pas ici de quelques uns tant seulement, mais de tout le genre humain, il adiouste que *c'estoit selon le cours de ce monde.* Le mot dont il use, signifie siecle.

Comme s'il disoit, Cela est comme quand nous voyons iournellement le soleil se lever et se coucher, comme nous voyons l'hyver et l'este: ainsi c'est une coustume, un ordinaire, c'est la nature de l'homme d'estre du tout pervers, et malin, et rebelle à Dieu, et n'y a en luy que toute vilenie et corruption.

Il ne faut point qu'on dise, Ho, la mauvaise coustume a gaigné. Et puis, Cela est pour d'aucuns, et tous ne font pas ainsi, il y a quelque nation qui est plus vicieuse l'une que l'autre, il y a les hommes qui sont pervers et malins: mais il se trouvera aussi de la vertu ailleurs.

Non, non (dit S. Paul), car c'est le cours, c'est le monde. Comme s'il disoit, Cela est si naturel qu'il ne faut point disputer si un est mauvais, et l'autre bon. Car tout ainsi que le poisson est fait pour humer l'eau, aussi nous sommes abruvez, voire enyvrez du tout de toutes nos iniquitez, et de nos pechez,

私たちがこれほど神に背く様々な罪を犯してきたと分かった以上、私たちの本性には堕落しかないと結論すべきでしょう。

　それが単に一部の人だけではなく、人類全体に当てはまることをさらによく示すために、パウロは「**この世の慣わしに従って**」と言っています。彼が用いる「**この世**」という語は、現世のことです。

　あたかもパウロはこう言っているかのようです。「日々太陽が昇っては沈み、冬と夏が巡るのを見るように、人がまったく堕落し、悪に染まり、神に反逆し、人間には卑劣さと腐敗しかないというのは、世の習い、常なる人間の本性である」と。

　こんなふうに言ってはなりません。「へえ、悪い慣わしが勝ったというわけだ。ある人たちはそうだけれど、みんながそういうわけではない。他よりも悪辣な民族も、堕落した悪い人たちもいるけれど、徳のある人たちもいるだろう」と。

　パウロは、「いや、そうではない。これが世の慣わし、世の常なのだ」と語るのです。彼は「これはあまりにも当然なことなので、この人は悪く、あの人は良い、などと論じるべきではない」と言っているかのようです。なぜなら魚が水を吸い込むように、私たちはあらゆる不正と罪を浴びるほど飲み、しかもすっかり酔いしれ、はち切れんばかりに不正や罪が詰め込まれているからです。

nous en crevons, tant en sommes remplis et farcis.

Voilà en somme comme S. Paul n'a pas ici voulu taxer quelques uns, mais il a voulu monstrer à tous hommes sans exception, quel est leur estat, iusques à ce que Dieu y ait remedié.

Ouvrons donc les yeux et nous mirons en ce que dit S. Paul, et cognoissons que toute nostre dignité et noblesse nous est ici dechiffree: voici nos blasons, c'est à sçavoir que iusques à ce que Dieu nous vivifie par sa pure grace, nous sommes morts et trespassez.

Et puis, à fin que nous sçachions que ceste mort ne procede pas d'ailleurs que de nos vices, il est dit que nous sommes tous corrompus, qu'il n'y a que fautes, que pechez et offenses en nous, et que toute nostre vie en rend tesmoignage, que les fruicts monstrent quelle est la racine.

Et d'autre part, que ce n'est pas que nous soyons desbauchez pour un coup, mais nous tendons là, c'est à sçavoir à mal: nous y sommes enclins, mesmes nous y sommes transportez, qu'il y a une rage qui nous y pousse, tellement que nous ne cessons de batailler contre Dieu, iusqu'à ce qu'il nous ait rangez en son obeissance par son S. Esprit.

Or S. Paul ne se contente point de parler ainsi: mais il adiouste des choses qui nous doyvent encores faire plus trembler, en disant *que*

要するに、パウロはここで一部の人だけを非難しようとしたのではなく、例外なくすべての人に対して、神が癒やしてくださるまでは自分の状態がどのようなものなのかを示そうと願ったのです。

　そこで、眼を開き、パウロの言っている言葉に我が身を映し出し、私たちの尊厳や高貴さの正体が暴かれていることを知りましょう。それこそ私たちのブラゾン[12] です。すなわち神がまったき恵みによって私たちを生かしてくださるまでは、死んで、失われた者たちなのです。

　そして、この死が私たちの悪徳にこそ由来することを知るようにと、「私たちは、皆腐敗しており、私たちの内には過ちと罪と咎しかなく、私たちの生がそのことを証しており、果実がその根を明らかにしている」と言われています。

　他方、私たちは一気に堕落するのではなく、そちらの方へ、すなわち悪に向かっていくというわけです。私たちは悪に傾き、しかもそちらへ運ばれ、またそのように駆り立てる激情があるので、聖霊によって神に服従させられるまでは、絶えず神に対して戦いを挑んでいるのです。

　ところでパウロはこのように語るだけでは満足せず、私たちをさらに震撼させることを加えています。

---

　12)　16世紀に流行した平韻定型詩。特に女性の身体各部を礼賛したものが多い。ここでは皮肉を込めて使っている。

c'est selon le prince de l'air,

selon qu'il a toute puissance en ce monde,

selon cest esprit qui gouverne tous les incredules.

Quand il parle ainsi, c'est pour monstrer que iusques à ce que Dieu par le moyen de nostre Seigneur Iesus Christ nous ait vivifiez, et qu'il nous ait recueillis à soy, que le diable y domine.

Voilà donc quelle est la dignité des hommes, iusques à ce que Iesus Christ les ait rachetez: ce n'est point seulement qu'ils meurent pour un coup: mais il faut que par son Evangile il les face participans du salut qu'il leur a acquis.

Iusques à tant donc que Dieu ait besongné en nous par sa grace, à qui sommes-nous? Au diable: il est nostre prince: brief, il a toute authorité sur nous et nous gouverne d'une telle tyrannie, qu'il n'est point question qu'il nous ravisse par force à soy.

Mais notamment sainct Paul use de ce mot d'Esprit, pour monstrer que le diable gouverne toutes nos pensees, toutes nos affections, tous nos desirs, il nous possede, nous luy sommes esclaves du tout. Brief, nous ne pouvons pas remuer un doigt, nous ne pouvons pas avoir un seul mouvement, ni une seule pensee, que le diable ne soit par dessus et qu'il ne nous traisne, en sorte que nous sommes du tout ennemis mortels de Dieu.

Quand nous oyons ces choses, il n'est plus question de nous tenir endormis et nous flatter, ou bien d'estre si

空中の君主や、

この世の全権力を持つ者、

あらゆる不信仰者を統べる霊に従って、と。

　このようにパウロが語っているのは、主イエス・キリストによって神が私たちを生かし、御許（みもと）へ迎えてくださるまでは、悪魔が支配していると示すためです。

　それゆえイエス・キリストが贖ってくださるまでは、人間の尊厳などこの程度のものです。つまり人は死んで終わりになるのではなく、福音によってキリストが獲得してくださった救いに与らせていただく必要があるのです。

　では神が恵みによって私たちの内に働きかけてくださるまで、私たちは誰に属しているのでしょうか。悪魔にです。悪魔が私たちの君主です。つまり悪魔はすべての権威を持ち、恐ろしい専制によって私たちを支配しているので、私たちを仕方なく手放すことなどありません。

　パウロが特に「霊」という言葉を使っているのは、悪魔が私たちのあらゆる考え、思い、欲望を支配し、取り憑（つ）き、私たちを完全に隷属させている、と示すためです。つまり悪魔が上にいて私たちを操るのでなければ、私たちは指一本も動かせず、身動き一つできず、一片の考えも浮かばないほどで、まったく神の不倶戴天（ふぐたいてん）の敵（かたき）なのです。

　このようなことを聞いたなら、私たちはもはや眠り込んでい

outrecuidez, que nous vueillions encores plaider contre Dieu, comme s'il y avoit quelque bien en nous et qu'il fust obligé à recognoistre nos vertus.

Ne faut-il pas que les hommes soyent par trop insensez, quand encores ils poursuyvent en leur hypocrisie, et qu'ils veulent contester à l'encontre de Dieu et le gaigner par leurs repliques, apres que le sainct Esprit a foudroyé sur nos testes d'une telle sentence et si horrible? Quand donc l'homme sera consideré en soy et en sa nature, que pourra-on dire?

Voilà, une creature maudite de Dieu, laquelle est digne d'estre reiettee du rang commun de toutes autres creatures, des vers, des poux, des puces et des vermines: car il y a plus de valeur en toutes les vermines du monde, qu'il n'y a pas en l'homme: car c'est une creature où l'image de Dieu est effacee, où le bien qu'il y avoit mis est corrompu, il n'y a que peché, tellement que nous sommes au diable, et non seulement il nous gouverne, mais il nous a en sa possession, il est nostre prince.

Quand nous aurons cela bien persuadé en nos coeurs, d'un costé n'aurons nous point occasion en tremblant de recourir à nostre Seigneur Iesus Christ et nous tenir cachez sous l'ombre de ses ailes?

Et puis, ne faudra-il pas qu'il y ait une stupidité brutale, si nous sommes tant ingrats que de ne point magnifier la bonté de Dieu, de ce qu'il nous a prins en un tel abysme pour nous attirer à soy, pour nous faire compagnons et freres, non

たり、自惚れている場合ではありません。私たちの内にはなん らかの善きものがあり、神も私たちの徳を認めるべきであると 神に口答えをするほど思い上がるのはとんでもないことです。

聖霊が私たちの頭上にかくも恐るべき宣告を下した後でも偽 善を追い求め、神に歯向かい、反駁して神を言い負かそうとす るのは、まったく常軌を逸しているのではないでしょうか。そ れゆえ人が自分自身とその性をよく見つめれば、いったい何が 言えるのでしょうか。

これこそ神に呪われた被造物で、蛆やシラミ、蚤や虫けらと いった他の被造物と同列に置くことすらできないのです。なぜ なら世にいる虫には人間にはないそれ以上の価値があるからで す。というのも人間とは「神の似像」を消し去られ、神から与 えられた善きものが腐敗しており、罪しかない生き物だからで す[13]。それほど、私たちは悪魔に服しており、悪魔は私たちを支 配しているばかりか取り憑いていて、私たちの君主なのです。

そのことを心底から理解したら、おののきつつ、主イエス・ キリストに助けを求め、その御翼の陰に匿ってもらおうという 気持ちにならないでしょうか。

それに神の慈愛を讃えないほど恩知らずでいるなら、愚かさ も甚だしいのではありませんか。神は私たちを奈落の底から引 き上げ、御許に呼び寄せ、御国の天使ばかりか栄光の主なるイ

---

13) カルヴァンの独特な自然理解で、堕落した人間より動植物の方がまだ 価値があるという考えである。すなわち、人には創造の恵みに続いて、神の 似像という恵みが与えられたのに、両者を失うことで、人は神に対して深刻 な負債を抱えているとカルヴァンは理解している（序6-7頁を参照）。

seulement des Anges de Paradis, mais de nostre Seigneur Iesus Christ, qui est le Seigneur de gloire: d'abolir ainsi tous nos opprobres, et faire qu'au lieu que nous estions detestables à toutes creatures, que nous portions sa marque, que nous soyons honorez, que les Anges nous embrassent comme leurs freres, et que nostre Seigneur Iesus Christ nous advoüe pour membres de son corps? Ainsi donc, nous voyons maintenant l'intention de sainct Paul.

Et à fin encores que toutes repliques cessent, il monstre quelle est la puissance du diable. Car il pouvoit dire en un mot, Vous avez vescu selon le monde, c'est à dire selon le diable (comme c'est en brief ce qu'il dit), mais au lieu de nommer le diable en un mot, il dit premierement, *Selon le prince qui a sa puissance en l'air, et l'esprit qui besongne maintenant aux enfans rebelles.* Quand il dit, Le prince qui a sa puissance en l'air, il nous exclud de tout subterfuge.

Car ce n'est point sans cause que le diable est nommé Prince du monde: non pas qu'il domine sur le soleil et sur la lune, et sur les estoilles, et sur le ciel et la terre: mais c'est pource qu'il nous tient captifs en ses liens, d'autant que nous ne sommes pas dignes que Dieu nous gouverne. Car si Adam eust persisté en l'integrité en laquelle il avoit esté creé, Dieu nous eust tenus pour ses enfans: mais apres la cheute de nostre Pere nous sommes delaissez de Dieu, et Satan en a prins possession.

エス・キリストの仲間や兄弟にしようとしてくださったのですから。またこうして神は私たちの恥をすべて取り除き、あらゆる被造物に嫌われるような存在であったというのに、神の印を帯び、讃（たた）えられる者にし、天使に兄弟として抱かれ、主イエスが御自身の「体の肢（えだ）」[14]と認めるまでにしてくださっているのですから。今やパウロの意図は明白です。

　さらに、あらゆる反論をやめさせるために、パウロは悪魔の勢力がいかなるものかを示しています。というのも彼は一言で**「あなたがたは世の慣わしに従って」**、つまり「悪魔に従って生きている」（要するにこれが彼の言っていることです）と言うこともできました。しかし、彼は「悪魔」と一言で名指しする代わりに、まずは**「空中に勢力を持つ君主、不従順な子らに今も働く霊に従って」**と言ったのです。**「空中に勢力を持つ君主」**と言うことで、彼は私たちのあらゆる言い逃れを封じています。

　悪魔が**「この世の君主」**と呼ばれるのには理由があります。悪魔が太陽や月や星、天や地を治めているからではなく、私たちが神に治められるに値しないので、私たちを軛（くびき）につないで抑え込んでいるからです。もしアダムが創られた時の完全な状態を保っていたなら、神は私たちを自らの子のままにしておいてくださったことでしょう。けれども私たちの父祖〔アダム〕の堕落以後、私たちは神から見捨てられ、悪魔のものとなりました。

---

14)　Ⅰコリント 12:27、エフェソ 5:30 他。

Or il est vray que le diable ne peut pas rien qui soit sans le congé de Dieu: car quand il est nommé prince du monde, ce n'est pas à dire qu'il bataille tellement contre Dieu, qu'on ne sçache qui sera le plus fort: ce seroit un blaspheme execrable.

Comme les heretiques ont imaginé, voyant ces mots de l'Escriture, que le diable quelque fois resistoit à Dieu, et qu'il avoit une telle force et violence, qu'il faloit que Dieu quittast quelque fois la place. Or ce sont des furies que ces propos-là.

Mais ceste principauté de Satan est une iuste vengeance de Dieu: comme il est dit qu'il nous livre en la main de nos ennemis, quand nous ne pouvons souffrir qu'il domine sur nous: ainsi cela s'accomplit et se verifie en nous tous.

Nous devrions estre conduits par l'Esprit de Dieu, selon qu'il avoit imprimé sa marque en nous: mais nostre pere s'est voulu exalter, il a dressé les cornes contre Dieu, et ne s'est pas contenté de son degré et mesure. D'autant donc qu'il s'est ainsi revolté et qu'il n'a peu supporter l'empire souverain de Dieu, il a esté livré au diable, il luy a esté subiet: et puis qu'il n'a peu souffrir que Dieu dominast sur luy, il a eu un autre maistre, et faut que ceste subiection s'estende à tous en general. Ainsi donc notons bien que l'empire et la tyrannie du diable est une iuste vengeance de Dieu sur le peché des hommes. Voilà pour un item.

Et ainsi n'imaginons pas que le diable ait la bride avallee, qu'il ait toute licence pour faire tout ce qu'il voudra, encores

ところで悪魔は神の許可なしには何一つできません。「**この世の君主**」と呼ばれても、悪魔が神と争ったらどちらが強いか分からないと言うわけではありません。そう言うなら許しがたい冒瀆です。

　異端者たちは、こうした聖書の文言を見て、「悪魔はときに神に抵抗したことがあるし、非常に大きな強さや力があるので、神がその座を明け渡さなければならないこともあった」などと考えていますが、それはまったく言語道断です。

　しかしこのような悪魔の支配は神による当然の懲罰です。神の支配に私たちが耐えられなくなった時、神は私たちを敵の手に渡されるとある通りです[15]。このことは私たちの誰の内にも起こり、確かめられています。

　神が私たちの内にご自身の印を刻み込まれたのだから、私たちは聖霊によって導かれるはずなのです。けれども私たちの父祖〔アダム〕は自ら高ぶり、神に盾突き、己の分を弁えませんでした。このように反逆し、神の至高の支配に耐えられず、彼は悪魔に引き渡され、それに屈服しました。神の支配に耐えられず、彼は別の主をいただいたのですが、その隷属は人類全体に及ばざるを得ないのです。ですから悪魔の支配と専制は人の罪に対する神の当然の懲罰だと、よく心に留めておきましょう。これが大切な点です。

　それだから悪魔が手綱を緩めて、神が押しとどめても好き勝手なことができると想像してはいけません。そうではなく私た

15）　ローマ 1:28。

que Dieu y resiste: mais c'est que nous sommes delaissez et adandonnez de luy.

Et à fin que nous cognoissions encores mieux ceste subiection, sainct Paul dit *qu'il est en l'air*, comme il en parlera derechef en la fin de l'Epistre. Il pouvoit dire simplement, Selon le prince qui a grande puissance: comme nostre Seigneur Iesus dit que c'est le fort qui possede paisiblement le monde.

Voilà donc le diable qui est tellement nommé le prince, ayant une telle vertu qu'il n'y a point de resistance en nous à l'encontre: et non seulement cela, mais sainct Paul luy donne lieu en l'air: non pas que les diables soyent comprins en lieu certain: car nous voyons mesmes qu'ils entrent aux corps des hommes, voire aux corps des pourceaux, selon que nostre Seigneur leur permet et leur donne puissance: mais il est parlé notamment de l'air, à fin que nous sçachions qu'ils sont sur nos testes.

Quand nous aurons un ennemi, nous regarderons si nous le pouvons abbatre: mais s'il nous tient desia le pied sur la gorge, s'il nous foule sur le ventre, et qu'il soit desia par dessus nous, quel remede y a-il plus? il n'y en a point de nostre costé. Voilà pourquoy notamment sainct Paul a parlé ici de l'air: comme s'il disoit que les hommes auront beau se glorifier et lever le menton, et avoir un front d'airain pour s'eslever: tant y

ちが神から捨てられ、見放されているのです。

　私たちがこの隷属について一層よく弁えるように、「**悪魔は空中にいる**」とパウロはこの手紙の末尾でも再び繰り返しています[16]。主イエスが「世を安全に治めるのは強い者である」[17]と言っているように、ここでも、単に「大きな勢力を持った君主に従って」と言ってもよかったのです。

　しかしこれこそが「**悪魔**」であり、私たちには抗（あらが）うことのできない力を持っているので「**君主**」と呼ばれています。その上、パウロはこれに「**空中**」という場所を与えていますが、それは悪魔たちが特定の場所に入れられているからではありません。主イエスが彼らに勢力を認め与えるのに応じて、人間の身体や、さらに豚の身体にまで入るのが見られるのです[18]。けれども特に「**空中にいる**」と言っているのは、悪魔が私たちの頭上にいることを分からせるためです。

　敵がいると、私たちはこれを倒せるかどうか考えるでしょう。しかしもし敵が私たちの喉を足で押さえつけ、腹を踏みつけ、すでに私たちの上にいるなら、もはやどのように対処できるでしょうか。私たちの側でできることは何もありません。それゆえパウロはここで特に「**空中の**」と言ったのです。人が自らを誇り、あごを突き出していばり、高い地位につこうと鉄面皮になったところで無駄であると言わんとしたかのようです。それほどに悪魔は全権をもって人間の頭上にいる、と言ってい

---

16)　エフェソ 6:12。
17)　ルカ 11:21。
18)　ルカ 8:32–33。

a que le diable est par dessus eux avec toute puissance, dit-il.

Bref, il monstre que nous sommes du tout adonnez à ceste maudite servitude.

Et pour declaration il adiouste, *selon l'esprit*, dit-il. Car qui est cause que nous ne concevons pas la condition de laquelle il parle, sinon que nous sommes charnels?

S'il y avoit un tyran qui dominast sur nous, et qu'il fist auiourd'huy un impost sur nous, demain une taille, qu'il saccageast une maison: apres, l'autre iour qu'il fist couper la gorge à cestuy-ci ou à cestuy-là, qu'il ravist la femme de quelqu'un, qu'il fist d'autres enormitez et exces, nous sentirions bien cela.

Et pourquoy? d'autant que nous sommes apprehensifs de ce qui attouche à nostre chair, et sommes si terrestres que nous n'appercevons sinon les choses qui concernent la vie presente.

Voilà pourquoy nous ne cognoissons pas nos miseres, car elles sont invisibles: nous ne pensons pas que le diable soit un tel tyran, et si horrible qu'il est, car nous ne le voyons pas.

Or sainct Paul declare qu'il nous faut regarder plus haut qu'à ce monde, et avoir d'autres yeux que ceux qui apprehendent les choses qui se monstrent: mais qu'il nous faut contempler le diable, combien qu'il soit spirituel: et s'il n'a des bras pour frapper à grans coups sur nous, s'il n'a des iambes et autres choses, il ne laisse pas toutesfois d'estre le pire tyran qu'on sçauroit penser n'imaginer en ce monde.

るのです。

　つまり彼は、私たちがこの忌まわしい隷属にまったく身を委ねていると示しています。

　そこでこれを説明するために、彼は「霊に従って」と付け加えています。彼の語るように私たちの状態に気づかないのは、私たちが肉的存在だからではないでしょうか。

　ある暴君が私たちを支配し、今日は租税を、明日は人頭税を課し、家を略奪し、別の日には誰彼構わず喉を搔き切り、人の妻を奪い、その他の暴虐狼藉を働いたなら、そういうことにはすぐ気づきます。

　なぜかといえば、私たちは肉に関することなら憂慮し、あまりにもこの世的なので、今の生活のことしか気づかないからです。

　私たちが自分の悲惨さを知らないのは、それが目に見えないからです。私たちは悪魔がこれほどの暴君であり、かくも恐ろしいものであるとは思ってもいません。悪魔は目には見えないからです。

　またパウロは私たちに、この世より高いところを見なければならないし、見える事物を捉えるのとは別の眼を持たなければならないと明言しています。悪魔が霊的な存在であろうと、私たちは悪魔を凝視しなければなりません。悪魔には私たちを打ちのめす腕も、脚も他の肢もありませんが、にもかかわらず、この世で考えつき思い浮かべうる最悪の暴君なのです。

Et pourquoy? Car il entre sans estre veu.

Si un homme sans espee et sans baston, sans poison ne venin, sans menace, sans rien qui soit, peut entrer en la teste et au coeur, dedans les pensees et les affections, s'il a une centaine de morts en sa main pour les faire entrer sans qu'on sçache comment, ie vous prie, cest ennemi-là n'est il pas plus espovantable beaucoup, que ceux qui sont equippez de grande force et qui font un grand bruit?

Il est bien certain. Or sainct Paul nous monstre que le diable est tel, car il est esprit, dit-il.

Ainsi donc ne soyons pas si charnels comme nous avons accoustumé, et ne iugeons pas aussi selon nostre rudesse et lourde fantasie, quand il est question de cest ennemi spirituel: mais cognoissons qu'il nous peut faire sans comparaison plus de maux beaucoup que si nous pouvions voir comment il approche de nous, et comment il y entre. Ainsi donc, d'autant qu'il est esprit, que nous craignions tant plus.

Or cependant sainct Paul adiouste encores une confirmation de son dire, à fin que les fideles soyent tant mieux disposez de venir à ce poinct que i'ay dit, c'est à sçavoir, de cognoistre leur confusion, iusques à ce que Dieu y ait pourveu.

Car apres que nous avons receu la foy, que nous sommes illuminez par l'Esprit de Dieu, quant et quant si nous avons quelque desir de bien faire, nous tascherons de servir à nostre Dieu.

なぜかと言えば、悪魔は人目につかずに入って来るからです。

　もしある人が剣も棍棒も、毒物も毒薬も持たず、脅威も何も与えず、頭や心の中に、また思考や感情の中に入り、百人もの死者を手にかかえ、どのようにしてか分かりませんが、彼らを中に取り込んだならと考えてみてください。この敵は強大な力を備え、騒ぎ回る者たちよりはるかに脅威ではないでしょうか。

　その通りでしょう。パウロはまさに悪魔はそのような者だと示しています。彼が言うには「**悪魔は霊だから**」です。

　ですから私たちはこれまでのような肉的存在であってはならないし、この霊なる敵に関しては、粗野で鈍重な考えで判断してもなりません。悪魔がどのようにして私たちに近づき、忍び込んでくるかを見て取れるとしても、悪魔はそれとは比較にならないほど多くの悪をなしうると心得ておきましょう。それだから相手が霊であるだけに、一層恐れなければなりません。

　さて、信仰者が私の述べた地点に到達したいと一層思うように、つまり、神が御手を差し伸べてくださるまでは、陥っている自分の混乱を知るようにと、パウロは語気を強めています。

　信仰を受け入れ、神の霊に照らされた上で、それと共にまたなんらかの善い行いをしようと望むなら、私たちは神に仕えようと努めることでしょう。

Or il nous semble alors que ce soit assez: mais si un homme fidele regarde à soy, il trouvera assez pour se desplaire et pour gemir: comme nous avons dit par ci devant, que sainct Paul mesmes se confesse estre mal-heureux, et qu'il s'escrie, Qui me delivrera de ceste prison mortelle? Les fideles donc trouveront tousiours en eux assez pour se lamenter devant Dieu.

Mais encores pource qu'il y a du bien, qu'il y a quelque bonne affection, quelque bon zele que Dieu y a mis, cela couvre à demi la perversité de nostre nature, tellement que nous ne cognoissons pas à beaucoup pres qu'il est requis, combien nostre condition est miserable, cependant que nous ne pensons qu'à nous-mesmes: ie di à nous, tels que nous sommes apres que Dieu nous a reformez en partie par son sainct Esprit.

Voilà pourquoy S. Paul nous ramene à contempler quels sont les incredules. Si nous regardons au monde, nous verrons les uns adonnez à avarice, les autres à pillages et extorsions, et non pas seulement les petis larrons qu'on fouette et qu'on pend: mais ceux mesmes qui sont brigans, ie ne di pas des bois ni des forests: mais par les maisons, par les marchez, et par les iustices.

Nous verrons donc qu'il n'y a ne foy ni loyaute en la pluspart: mais que tous sont adonnez à pillages et à rapines, sans avoir discretion d'equite ni de droiture. Nous verrons les autres desbauchez en paillardises et infametez, les autres en yvrongnerie, et autres vilenies et dissolutions. Nous verrons trotter les

それで十分だとも思えます。しかしもし信仰者が自らを省みるなら、気に入らぬ点や嘆くべき点を多々見出すことでしょう。以前にも触れた通り、パウロ自身が自らを不幸だと告白し、「誰がこの死の牢獄から私を救い出してくれるだろうか」[19]と叫んでいるのです。それゆえ信仰者は自らの内にいつも神の前に嘆くべき点を多く見出すでしょう。

　しかしそれでも善きもの、なんらかの良い心の動きや、神に賜った熱意があるので、それが私たちの本性の邪悪を半ば覆い隠してくれます。私たちが、そんな自分のことだけを考えていると、人間の状態がどんなに悲惨であるかを、求められているほどには到底分からないのです。「私たち」と言いましたが、神が聖霊により幾分かは新しくしてくださった後の私たちのことです。

　それゆえパウロは私たちに、信仰を持たない人々がいかなるものかを考えるように促しているのです。世間を見れば、ある者は強欲に捕らわれ、他の者は略奪や強奪ばかりしているのが分かるでしょう。鞭打たれ、吊し首にされるこそ泥ばかりでなく、山賊もいます。森や山林にいる賊のことでなく、家や市場、法廷にもいる賊のことを私は言っているのです。

　ですから多くの人々の内には信仰も誠実もなく、誰もが公正や正義についての分別を持たず、略奪や横領にふけっていることが分かります。ある者は放蕩と汚辱に身を浸し、またある者は大酒を飲み、またある者は悪徳と放埒に引き込まれていま

19）　ローマ 7:24。

blasphemes, les periures, et autres execrations. Apres, nous verrons les machinations, les empoisonnemens, les envies et les malices, les trahisons et meschantes prattiques.

Bref, nous en verrons d'autres tellement endiablez, qu'ils se precipitent du tout comme s'ils vouloyent batailler à leur escient contre Dieu. Voilà des choses qui nous estonnent. Et combien que nous soyons stupides, encores faut-il que nous ayons quelques remords, voyant les choses estre si confuses au monde.

Toutesfois sainct Paul dit que quand nous considerons ce qui se fait, et comme tout est perverti, et quelle licence le monde se donne pour resister à Dieu, qu'il faut que nous appliquions cela à nous et que nous concluyons, Voilà ce qui seroit de moy, et autant que i'en voy en ceux qui sont les plus miserables.

Car quand nous regardons des malades qui seront les uns mangez de chancres et d'autres vilenies, les autres qui auront des maladies si terribles que rien plus, il nous faut là mirer, pour dire, Autant en seroit-il de nous, voire et pis encores, si Dieu n'en avoit pitié. Car nous en portons tous la semence: et cela n'est pas seulement du corps, car il y aura encores quelque diversité de complexions, que les uns seront plus forts et robustes que les autres: mais l'ame de l'homme est toute pervertie et corrompue.

Ainsi donc les pechez qui regnent nous sont autant d'advertissemens pour nous faire baisser les yeux et nous faire avoir honte devant Dieu et devant ses Anges, mesmes pour nous

す。冒瀆や偽誓、呪詛が闊歩しています。さらに、陰謀、毒殺、嫉妬と悪意、裏切りと悪行も目にするでしょう。

　また、ある人々は悪魔にすっかり身を委ねているので、どうなるかを承知の上で神に戦いを挑もうとするかのように、突き進んでいくのです。これは驚くべきことです。いくら愚かであっても、世の中の状態がこれほど混乱しているのを見れば、私たちは幾らかの後悔を覚えずにはいられません。

　しかしパウロが言うには、何が起こっているか、また何もかもがいかに堕落し、世の人々がどんなに勝手放題に神に逆らっているかを考える場合、それを自らに当てはめ、「これは私のことでもあり、最も哀れな者たちの中に見られるものは同じく私の中にもある」と結論すべきなのです。

　潰瘍やたちの悪い病に侵された人や、この上なく恐ろしい病気にかかった人を見ると、私たちはそこに自らの姿を見出して、「神が憐れんでくださらなければ、同じことが、しかももっと悪いことが自分の身の上にも起こりうる」と言わざるを得ないからです。私たちは皆病の種を持っていて、それは身体上のことだけではありません。ある者は他の者より強く逞しいという体質的な違いはありますが、人の魂はまったく堕落し腐敗しています。

　ですから、はびこっている罪は、私たちの目を伏せさせ、神と天使の前に恥じ入らせ、さらには自らを憎み、嫌悪させる警

induire de nous hair et avoir en detestation nos personnes.

Voilà en somme pourquoy S. Paul a ici adiousté que le diable maintenant besongne. Il use de ce mot *maintenant*, comme s'il disoit,

Mes amis,
si en regardant vostre condition presente
vous y trouvez quelque bien,
et que cela vous empesche d'estre bien abatus,
et de sentir combien vous estes miserables,
sinon que Dieu eust usé de pitié et
de misericorde envers vous,

regardez ce qui se fait tout à l'environ,
comme les incredules se gouvernent:
vous les verrez comme bestes sauvages,
ennemis de leur propre salut:
vous les verrez enragez contre Dieu,
contraires à toute iustice.

Bref, on verra des enormitez si grandes que chacun en sera confus, et qu'on dira, Helas! est-il possible que cela se face? Or voilà quels vous seriez. Ne dites pas, Ho le meschant.

Vous pourrez bien condamner celui-là: mais quant et

告でもあるのです。

　要するに、そういうわけでパウロは「悪魔が今も働いている」
と言ったのです。彼は「今」という言葉を使って、あたかもこ
う言っているかのようです。

　　我が友らよ、
　　今の己が姿を見つめ、
　　なんらかの善を見出せるなら、
　　また打ちのめされず、
　　いかに惨めであるかも感じられないのなら、
　　そうなったのは
　　神が慈悲と憐れみを注いでくださらなかったせい。

　　まわりで何が起きているかを見るがよい。
　　不信仰者たちがいかに振る舞っているかを。
　　彼らは野生の獣のようで、
　　自らの救いの敵。
　　神に対して怒り、
　　あらゆる正義に敵対している。

　要するに誰もが恥じ入り、「ああ、こんなことがあってよい
のか」と言うほど、ひどい有様を見出すでしょう。ところで、
それこそ、あなた方がどんなふうであるかを示しているので
す。「なんと性悪な奴だ」などと言ってはいけません。
　そのような人を咎めることはできるでしょうが、ソースや

quant adioustez pour la sauce et pour la confiture,

> Et la misericorde de Dieu,
> quelle a-elle esté envers moy?

Que iamais donc nous ne condamnions les pechez que nous verrons çà et là, que quant et quant nous ne soyons amenez à nous cognoistre, et que sinon que Dieu nous eust tenu la bride, que nous fussions cheus en un tel abysme auquel nous voyons les autres estre tombez: et que nous soyons incitez quant et quant à le prier qu'il ne nous induise point en tentation, et que nous cognoissions la bonté infinie de nostre Dieu, quand il luy plaist de nous retenir tellement que nous ne tombons point en ces cheutes horribles que nous voyons tout à l'environ.

Car quand nous regardons les plus meschans du monde, et lesquels mesmes nous sommes contraints d'avoir en horreur comme monstres, il faut (comme i'ay desia dit) que nous concluyons, Helas! autant en seroit-il de nous, sinon que Dieu y remediast. Voilà donc comme nous devons pratiquer ceste doctrine.

Et notamment sainct Paul parle des enfans rebelles, signifiant qu'il n'y aura nulle obeissance en nous, sinon que Dieu l'y mette, et qu'il nous forme, et qu'il change ceste malice

ジャムに味付けをするように、

　神の憐れみとは、
　私にとってなんだったのか。

　と付け加えましょう。
　そこで、あちこちに見られる罪を咎（とが）めるのはやめ、同時に自らを知るようになりましょう。また神に手綱を引き締められなかったなら、他の人々が陥ったあの奈落の底へ落とされていたのです。そして誘惑に遭わせないでくださいと神に祈るように促されており、周囲に見られるあの恐ろしい陥穽（かんせい）にはまらないように私たちを支えてくださる時、神の尽きない慈愛を知りましょう。
　この上ない極悪人たちを目にし、その人たちを怪物のように恐ろしく思わざるを得ない場合、（すでに述べたように）こう言わざるを得ません。「ああ、神が癒やしてくださらなかったなら私たちも同じようになっていただろう」と。それだからこの教えを実践しなければなりません。

　さて、とりわけパウロは「**不従順の子ら**」[20] について語っていますが、神が私たちを服従させ、造り上げ、以前にふけっていた悪事を改めさせ、私たちに与えてくださった賜物を増し続けてくださらなければ、神に服従することなど決してないと言

20）　イザヤ 30:9、ローマ 10:21 他。

à laquelle nous estions auparavant adonnez, et qu'il continue et augmente le bien qu'il nous a fait: autrement Satan a tellement prins possession de nous, qu'il faut qu'il nous traine comme povres bestes brutes.

Or il est vray que sainct Paul puis apres adiouste que cela n'a pas esté seulement pour les Payens, combien que la grace de Dieu soit plus manifestee en eux: mais que les plus excellens mesmes estoyent là compris: qui plus est, que les Iuifs qui pensoyent avoir un privilege singulier pour n'estre point subiets à la malediction commune des hommes, que ceux-là estoyent perdus et damnez aussi bien, iusques à ce qu'ils ont esté rachetez par nostre Seigneur Iesus Christ.

En quoy nous voyons encores mieux ce que nous avons touché n'agueres, c'est à sçavoir qu'il n'est point ici fait mention seulement de quelque partie des hommes: mais que le S. Esprit foudroye sur tous, à fin que depuis le plus grand iusques au plus petit nous soyons tous abatus. Mais cela ne se pourroit pas deduire maintenant.

Il faut donc que nous prenions pour conclusion ce que traite sainct Paul, c'est que Dieu nous a vivifiez.

En quoy il signifie que nous n'apportons point la vie du ventre de la mere: mais que venans en ce monde nous sommes en une mort qui est pire que si nous n'estions point du tout, à cause du peché: voire et qu'en cela il n'y a point de replique,

おうとしているのです。さもなければ、悪魔が私たちをかくも捕らえているので、哀れな野獣のように引きずり回すに違いありません。

　ところで確かにパウロはこの後、次のように付け加えています。すなわち、神の恵みは、異邦人に対してより明らかに示されてはいますが、それは彼らのためだけではなかったし、最も優れた者たちさえ含まれており、さらに人間に共通する神の呪いを免れる特権があると思っていたユダヤ人も、主イエス・キリストによって贖われるまでは、堕落し、断罪された存在だったのです。

　それについて前に述べたことが、一層よく理解できます。すなわち、ここで言われていることは、一部の人間についてだけではありません。聖霊はすべての人の上に轟き、最も大いなる者から最も小さき者に至るまですべての人が打ちのめされるのです。しかしそれについては、今は詳しく述べることができません。

　そこで、パウロが語っている「**神が私たちを生かした**」という点を、結びとして取り上げましょう。

　彼が言わんとするのは、私たちが母の胎から「命」を持って生まれてくるのではなく、この世へ生まれ出る時、私たちは罪のせいで、まったく存在していなかった時よりも悪い「死」の

d'autant que nous ne trouverons en nous que toute iniquité et corruption: et d'autant plus qu'on voudra sonder avant, la puantise se sentira plus infecte, nous aurons plus d'horreur de voir ce grand abysme et si profond de toute iniquité qui est en nous.

Il faut donc que nous soyons vivifiez, et que nous ayons une vie non point de nature, mais de la grace de nostre Seigneur Iesus Christ, d'autant que par luy nous sommes renouvelez: voire et cognoissans que Dieu nous a tirez d'une condition si povre et si maudite, que nous oublions toute vaine gloire.

Et que nous n'estimions pas rendre à Dieu la louange qu'il merite, iusques à ce que nous ayons en horreur toutes nos povretez: et que nous venions là, que le diable domine sur nous, iusques à ce que Dieu nous arrache de ses poingts, iusques à ce qu'il nous delivre de ceste tyrannie execrable.

Car est-il chose plus detestable que de dire que nous sommes subiects du diable, et qu'il ne domine pas tant seulement sur nos corps comme feroit quelque tyran de ce monde: mais qu'il domine en nos ames et en toutes nos pensees?

Car il est esprit, et il n'y a rien en nous qui ne soit corrompu par luy, qui ne soit rempli de son venin.

Quand nous cognoissons cela, et que nous pensons que Dieu nous ayant trouvez en telle condition, ne nous a pas toutesfois desdaignez, et que cela ne l'a point empesché qu'il ne

中にいるということです。しかもそれについては一切の反論ができません。私たちの内には不正と腐敗しか見出せないし、さらに探ろうとすればするほど、悪臭がよりひどく感じられ、私たちの内にある不正のかくも大きく、かくも深い淵にますます恐れおののくことになるからです。

　ですから「**私たちは生かしていただき**」、決して生まれつきの命ではなく、主イエス・キリストの恵みによる命を持たなければなりません。私たちは主によって新たにされるからです。しかも神が私たちをかくも哀れで忌まわしい状態から引き出してくださったと知って、あらゆる虚しい栄誉を忘れ去らねばなりません。

　私たちは、自分のあらゆる乏しさにおののくようになるまでは、神にふさわしい讃美を捧げていると考えてはなりません。また、神が私たちを悪魔の手中からもぎ取り、その忌まわしい圧政から解放してくださるまでは、悪魔が私たちを支配しているということに思い至りましょう。

　私たちが悪魔に隷属しており、その悪魔がこの世のどこかの暴君のように私たちの肉体だけを支配しているのではなく、魂や思考のすべてを支配しているということほど、おぞましいものがあるでしょうか。

　悪魔は霊であり、私たちの内には悪魔によって腐敗させられていないところ、その毒が回っていないところなどないからです。

　そのことを知り、また神がこんな状態にいる私たちをご覧に

nous ait secourus, comme aussi S. Paul use de cest argument, quand il dit que nous estions ennemis mortels de Dieu, du temps que Iesus Christ nous a rachetez.

Et ainsi, concluons que Dieu n'a esgard sinon à nos miseres, quand il nous appelle à soy.

Il ne regarde pas si nous le cerchons:
car comment seroit-il possible?
nous tirons tout au rebours.
Il ne regarde pas si nous luy pouvons faire quelque service,
car nous luy sommes pleinement rebelles:
il ne regarde pas s'il y a quelque bonne preparation
en nous,
car toutes nos pensees et nos appetis sont autant
d'ennemis mortels qui bataillent contre sa iustice.
A quoy donc regarde-il,
et dequoy est-il esmeu pour nous subvenir?
C'est de ceste infinité de miseres
qu'il trouve en nous,
et de la confusion si horrible en laquelle nous
sommes:
voilà comme Dieu est enclin à nous faire misericorde.

Ainsi donc que toute bouche soit close, et que nous ne presumions point d'y rien amener, comme si nous avions obligé

なりながらも退けず、それでも救ってくださったことに思い至りましょう。パウロも、「イエス・キリストが贖ってくださった時に、私たちは神の宿敵であった」と論じています。

そこで、神は私たちの惨めさだけを 慮 り、御許に呼び寄せてくださると締めくくりましょう。

　　　神は私たちが神を求めているかなど問わない。
　　　どうしてそんなことがあり得ようか。
　　　　　私たちはなんでも逆方向に引き寄せるのだから [21]。
　　　神は私たちに何か奉仕ができるかを問わない。
　　　　　私たちはまったく神に反逆しているのだから。
　　　神は私たちに何か「良い備え」[22] があるかなど問わない。
　　　　　私たちの考えも欲望もすべて、
　　　　　神の正義に逆らう忌まわしい敵だから。
　　　では何を問われるのか。
　　　何に心動かされて私たちを助けてくださるのか。
　　　　　私たちの内にある底知れぬ惨めさと
　　　　　かくもひどい混乱をご覧になられ
　　　　　神は深い憐れみを注ぎ給う。

それゆえすべての人は口を閉ざし、私たちが神をそうしむけたかのようにして、何かをもたらしていただけると思ってはなりません。また神が私たちの内になんらかのものを見出して、

21）　イザヤ 53:6。
22）　カトリックでいう天国に入るための「備え」を指す。

Dieu, et qu'il trouvast en nous ie ne sçay quoy, pour nous estre favorable: mais il faut qu'il prenne tout du sien et de sa bonté infinie, et d'autant qu'il nous voit estre miserables, damnez et perdus du tout, que cela soit cause de l'inciter à nous bien faire, et de mettre remede non seulement à nos maladies, mais à nostre mort.

Car si nous estions corrompus en peché et en vice, desia les maladies seroyent incurables: mais il y a outre cela une mort, voire une mort spirituelle, laquelle ne pourra point estre corrigee par tous les moyens ni remedes de ce monde: il faut que Dieu y mette la main, voire une main si forte qu'on cognoisse que nous sommes miraculeusement sauvez par luy.

Or nous-nous prosternerons devant la maiesté de nostre bon Dieu etc.

好意的になってくださると思ってはなりません。神は、私たち
が悲惨で、断罪され、まったく破滅しているのをご存じである
だけに、すべてをご自身の力と限りない慈愛によって受け止め
てくださるのです。そのため私たちに幸いをもたらそうと思わ
れ、私たちの病ばかりか、死をも癒やそうとされるのです。

　というのは、もし私たちが罪と悪徳の中で堕落しているな
ら、すでに病は不治のものだからです。その上、死が、とりわ
け霊的な死があるのです。それはこの世のいかなる手段、治療
によっても治りません。神が、御手を差し伸べてくださる必要
があります。それは非常に強い御手で、奇跡的な力で私たちは
救われることを知るべきです。

　では、私たちの恵み深い神の御前に額ずき、祈りましょう。

DIXIEME SERMON
Chap. II, v. 3–6

ἐν οἷς καὶ ἡμεῖς πάντες ἀνεστράφημέν ποτε ἐν ταῖς
ἐπιθυμίαις τῆς σαρκὸς ἡμῶν ποιοῦντες τὰ θελήματα τῆς
σαρκὸς καὶ τῶν διανοιῶν, καὶ ἤμεθα τέκνα φύσει ὀργῆς
ὡς καὶ οἱ λοιποί· ὁ δὲ θεὸς πλούσιος ὢν ἐν ἐλέει, διὰ
τὴν πολλὴν ἀγάπην αὐτοῦ ἣν ἠγάπησεν ἡμᾶς, καὶ ὄντας
ἡμᾶς νεκροὺς τοῖς παραπτώμασιν συνεζωοποίησεν τῷ
Χριστῷ,- χάριτί ἐστε σεσωσμένοι- καὶ συνήγειρεν καὶ
συνεκάθισεν ἐν τοῖς ἐπουρανίοις ἐν Χριστῷ Ἰησοῦ,

『ギリシア語聖書』

**3. esquelz aussi nous tous avons conversé quelque
temps, assavoir es desirs de nostre chair, faisans la
volonté de la chair et des pensées, et estions de nature
enfans d'ire, comme les autres. 4. Mais Dieu qui est
riche en misericorde, par sa grande charité de laquelle
il nous a aymez, 5. du temps mesme que nous estions
mortz par les pechez, il nous a vivifiez ensemble avec
Christ car vous estes sauvez par grace, 6. et nous a
resuscitez avec luy, et nous a fait seoir avec luy es liex
celestes par Iesus Christ,** 『カルヴァン聖書』

第十の説教
第2章3-6節

　3. わたしたちも皆、こういう者たちの中にいて、以前は肉の欲望の赴くままに生活し、肉や心の欲するままに行動していたのであり、ほかの人々と同じように、生まれながら神の怒りを受けるべき者でした。4. しかし、憐れみ豊かな神は、わたしたちをこの上なく愛してくださり、その愛によって、5. 罪のために死んでいたわたしたちをキリストと共に生かし、——あなたがたの救われたのは恵みによるのです—— 6. キリスト・イエスによって共に復活させ、共に天の王座に着かせてくださいました。

『新共同訳聖書』

　3. わたしたちも皆、このような者たちと交わり、肉の欲により、肉と心の赴くままに行い、ほかの人たちと同じように、生まれながらの怒りの子でした。4. しかし、憐れみ豊かな神は、わたしたちを愛し、その大いなる愛によって、5. 罪のために死んでいた時でも、わたしたちを恵みによって救い出し、キリストと共に生き返らせてくださったのです。6. イエス・キリストによって共に復活させ、共に天の王座に着かせてくださいました。

『カルヴァン聖書』訳

Nous avons commencé à monstrer ce matin, que sainct Paul a voulu estendre la bonté de Dieu à tous hommes, à fin que nul n'eust occasion de se glorifier, comme s'il avoit quelque dignité à part.

Et de faict, s'il y a eu nation au monde eslevee par dessus les autres, ç'a esté celle des Iuifs, d'autant que Dieu les avoit acceptez pour sa propre famille, et les nommoit une lignee saincte et son heritage. Voilà donc les Iuifs qui semblent bien avoir quelque dignité pour surmonter les autres.

Mais à fin que nul n'obscurcisse point la grace de nostre Seigneur Iesus Christ, il dit qu'eux aussi bien estoyent enfans d'ire, tellement qu'il leur a esté besoin d'estre retirez de cest abysme de confusion, duquel nous avons parlé ce matin.

En somme S. Paul monstre ici que ceux qu'on iugera estre les plus excellens, ne peuvent rien apporter devant Dieu pour s'avancer ou se faire valoir: mais que par le moyen de nostre Seigneur Iesus Christ tous sont receus en grace pour estre heritiers de la vie celeste.

Au reste, on pourroit ici faire une question, comment S. Paul egale les Iuifs aux Payens, veu que Dieu les a ainsi separez. Car il sembleroit que toutes les promesses fussent aneanties: et cela seroit faire tort à Dieu, plustost qu'iniure aux hommes.

Si nous accordons (comme il le faut, et est aussi requis) que

今朝、私たちは、いかにパウロが神の愛をすべての人に及ぼ
そうと望んだかについて学ぶことから始めました。それは誰
も、自分には何か特別な価値があるなどと思い込み、己を誇る
口実としないためです。

　実際、この世で他に優る民族があったとしたら、それはユダ
ヤ人でした。神が、彼らをご自身の家族として受け入れ、聖な
る家系、ご自身の嗣業に定められたからです。そこでユダヤ人
は、他の民族に優るなんらかの尊厳があるように見えます。

　しかし、私たちの主イエス・キリストの恵みが誰からも曇ら
されないように、パウロは、ユダヤ人も怒りの子であり、今朝
も触れた、あの混乱の淵から救い出される必要があったと言っ
ています。

　要するにパウロは、最も優れていると思われる人々ですら、
神の御前に自分を優位にし際立たせるものを何も持ち出せない
し、主イエス・キリストによってあらゆる人が「**恵みにより**」、
天上の命を継ぐ者として受け入れられると言っているのです。

　しかしここで、神がこのようにユダヤ人と異邦人を分けられ
たのに、なぜパウロは両者を等しく扱うのかと問うことができ
ます。なぜなら、〔両者が等しければ〕すべての約束が無効に
されたように思え、それでは人間を貶めるというより、神に不
正を働くことになるからです。

　神はアブラハムの一族をいたずらに選んだわけではなく、

Dieu n'avoit point eleu en vain la lignee d'Abraham, et que ce n'estoit point pour frustrer ceux qui en estoyent descendus, en leur declarant qu'il les acceptoit pour estre de sa maison et de son Eglise, il faut bien qu'ils soyent plus prochains et familiers de Dieu, il faut bien qu'ils ayent quelque marque pour estre recueillis à soy.

Il semble donc que S. Paul ne devoit pas ainsi aneantir les Iuifs. Mais il monstre en l'autre passage, que le tout s'accorde tresbien, si nous considerons les Iuifs en ceste qualité de peuple eleu et special: et puis si nous regardons quels ils sont, et ce qu'ils ont merité et desservi devant Dieu.

Or aux Romains S. Paul apres qu'il a donné sentence sur tout le monde, monstrant qu'il n'y a celuy qui ne soit damné et perdu, esmeut ceste question,

Et que sera-ce donc,
veu que Dieu a recueilli la race d'Abraham,
et qu'il l'a dediee à soy?
n'y aura-il point de saincteté?

Car il sembleroit que Dieu se fust moqué, et que ce qui est dit en l'Escriture, qu'il n'a point ainsi fait à toutes autres nations, que cela ne fust rien.

Or sainct Paul dit qu'à la verité, il faut bien qu'on prise les graces que Dieu a voulu desployer sur ce peuple: et ainsi

またその子孫を神の家族とその教会に受け入れると宣言された時、それは彼らを失望させるためでなかったと認めたなら（そう認めるべきだし、そう要求されてもいるが）、ユダヤ人たちは神により近く、親しい人々であり、神に受け入れられるなんらかの印を持っているはずなのです。

　それならば、パウロはこのようにユダヤ人を無に等しいものとすべきではなかったと思えます。しかしパウロは他の聖書箇所で、ユダヤ人には特別な選民としての資格があると考えた上で、彼らの今の状態や、神の前でどんな価値や働きがあったかを見れば、すべて整合すると示しています。

　つまり、ローマの信徒に対して、パウロは「呪われ、破滅していない者は一人もいない」〔3:11〕と示して、すべての人々を断罪した上で、次のように問い掛けています。

　　いったいどういうことか、
　　神がアブラハムの氏族を呼び集め、
　　ご自身に仕えるようにされたのに、
　　聖（きよ）い者が一人もいないとは。

　神が嘲（あざ）笑ったかのように思え、「〔ユダヤ人以外の〕どの民族にもそのようになさらなかった」〔申命記 4:33〕という聖書の言葉は空しかったように見えるからです。

　確かに、神がこの民に示そうとされた恵みは讃（たた）えられるべきであり、神の約束によって得た賜物を持っているので、この民

qu'estans revestus des biens qu'ils ont eus par les promesses de Dieu, qu'ils sont à preferer à tout le monde.

Mais il adiouste tantost apres, d'autant qu'ils sont descendus de la race d'Adam, et qu'ils sont communs en peché avec les autres, et qu'il n'y a en toute nostre nature que corruption et perversité, il faut que tous se rengent, et que nous cognoissions que l'un ne peut estre separé de la compagnie de l'autre:

comme aussi nous l'avons desia veu au second chapitre des Galatiens, quand sainct Paul remonstroit à Pierre, Ouy, nous sommes Iuifs de nature, et semble que nous devions marcher à part, puis que Dieu est nostre Roy, qu'il nous a sanctifiez, et qu'il veut habiter au milieu de nous.

Et bien, il semble de prime face que nous devions reietter les Payens comme pollus, et qui n'ont nulle accointance avec Dieu: mais (dit-il) venons à conte: y a-il nul de nous qui ne soit redevable à Dieu, et qui ne se cognoisse estre povre pecheur?

Puis qu'ainsi est, il faut que Dieu soit Iuge de tous, et que nous soyons abysmez devant sa maiesté, iusques à ce que nous soyons reconciliez à luy par nostre Seigneur Iesus Christ.

En somme en ce passage sainct Paul n'entend pas d'aneantir les graces de Dieu: mais il monstre que les Iuifs en leurs personnes n'ont eu autre moyen d'obtenir salut et l'heritage celeste, sinon pource qu'ils sont membres de nostre Seigneur Iesus Christ: et qu'il les faut tousiours prendre pour maudits et damnez en premier lieu.

はすべての民よりも尊重されるはずだとパウロは語るのです。

　しかし彼はその後すぐに、ユダヤ人もアダムの血筋を引く者たちで、他の者たちと同様に罪に染まっており、人間の本性には腐敗と堕落しかないので、誰もが身を慎み、互いに切り離せない存在であることを知らなければならないと述べています。

　ガラテヤの信徒への手紙第2章でもすでに見た通り、パウロはペトロに向かって、「確かに私たちは生まれながらのユダヤ人であり、他の人々とは別の道を歩まねばならないと思われる。なぜなら神は私たちの王であり、私たちを聖化し、私たちの中に住まうことをお望みになるのだから」と諫めました。

　なるほど、最初、異教徒は汚れていて、神とはなんの関わりもない者として退けなければならないように見えます。しかし「考えてみよ」とパウロは言います。「私たちの中で神に対して負い目がなく、自分が哀れな罪人であることを知らない者がいるだろうか」と。

　そのようなわけで、神はすべての者の審判者であり、私たちは主イエス・キリストによって神と和解させられるまでは、神の威光の前に打ちのめされる他ないのです。

　つまり、この箇所でパウロは、神の恵みを無に帰そうとしているのではなく、ユダヤ人自身が救いと天の嗣業を手に入れるには、主イエス・キリストに属する他はなく、ユダヤ人自身が常に最初に呪われ、劫罰を受けたものとみなされなければならないと示しています。

Car ce qu'ils ont de dignité est comme d'accident: ils ont cela commun avec tous d'estre nais en peché et d'estre subiets à malediction: mais Dieu leur a fait un don special et supernatural (comme on parle) quand il les a acceptez et eleus à soy.

Voilà donc les Iuifs de nature qui sont perdus avec tout le reste du monde: mais tant y a que Dieu les a receus aussi bien à merci.

Cependant il nous faut noter que sous ce mot de Nature, sainct Paul monstre que non seulement de coustume nous sommes pecheurs, selon que chacun desbauche son compagnon, et que nous sommes par trop enclins à suyvre le mal plustost que le bien. Mais il y a encores plus, c'est que chacun dés sa naissance apporte le peché avec soy. Le boire et le manger nous est bien propre: mais le peché est plus enraciné en nous que toutes les choses qui appartiennent à ceste vie.

Il est vray que les Payens trouveront cela estrange, que les petis enfans qui ne peuvent discerner entre le bien et le mal, qui n'ont ne discretion ne volonté, que desia ils soyent pecheurs et damnez devant Dieu (comme sainct Paul les appelle enfans d'ire), mais tant y a qu'il nous faut passer condamnation.

Si tost que les enfans peuvent donner quelque signe, il est certain qu'ils monstreront tant et plus qu'ils sont pervers et malins, et qu'il y a là un venin caché: et s'ils ne le iettent du

というのも、ユダヤ人たちが持っている尊厳は、たまたまに過ぎないからです。彼らは罪の中に生まれ、呪いの下に置かれているあらゆる人々と共通してそれを持っているのです。しかし（言われているように）、神ご自身が彼らを受け入れ選ばれた際には、特別な、自然を超えた賜物をお与えになったのです。

　よって、生まれながらのユダヤ人もこの世界の他の人々と同様に迷える者たちです。にもかかわらず神は憐れみをもって彼らを受け入れられたのです。

　ところで、パウロは「**生まれながら**」という言葉によって、誰もが仲間を堕落させ、善より悪に向かう傾向が極めて強いことから、人は習性からして罪人であるだけではなく、さらに誰もが生まれた時からすでに罪を宿していることを明らかにしています。飲食は私たちに欠かせないものですが、罪は生活に関わるあらゆるものに優って我々の中に染み込んでいます。

　善悪の区別がつかず、思慮も意思も持たない幼児たちが神の前ですでに罪人であり、断罪された者である（パウロは怒りの子と呼んでいる）ということを異教徒たちが奇妙に思うのは事実です。しかし私たちも断罪されなければならないのです。

　なんらかの意思表示ができるようになると、すぐに子供は悪賢さや意地の悪さを数々示し、そこには隠れた悪が見て取れます。これをまず取り除いておかないと、蛇の子孫のようになっ

premier coup, tant y a qu'ils sont comme une lignee de serpens.

Puis qu'ainsi est donc, cognoissons que non sans cause S. Paul nous appelle enfans d'ire avec les Iuifs, voire n'exceptant point de ce nombre les petis enfans, qu'on appelle innocens, et qui sont iugez tels: mais il ne nous faut point regarder à nostre opinion, ni à ce qui nous apparoist devant les yeux: donnons gloire à Dieu qui est iuge competent de ceci, combien que nous le trouvions incomprehensible.

Quoy qu'il en soit, il nous faut tousiours revenir à ce qui est dit au Pseaume 51, que non seulement nous offensons iournellement Dieu en diverses sortes: mais devant qu'avoir rien pensé, ne dit ne fait, que desia nous estions abominables, à cause que nous estions engendrez en peché et en malediction.

Or S. Paul par ce mot d'enfans d'ire entend que nous sommes heritiers de mort, et qu'il faut que Dieu nous soit ennemi, voire si tost que nous sommes conceus.

Tant y a que Dieu n'est point cruel, il ne hait pas ce qu'il a fait: voire si nous avions une telle pureté comme elle a esté en nostre pere Adam, comme il est dit que tout ce que Dieu a fait estoit bon. Dieu donc hayroit son ouvrage en nous.

Or il faut conclure d'autant qu'il nous hait, et qu'il est comme armé pour faire vengeance sur nous tous, que nous l'avons bien merité.

てしまいます。

　このようなわけで、パウロがユダヤ人ともども私たちを「**怒りの子**」と呼び、また無垢と呼ばれ、そうみなされる幼児でさえ数から除外していないのは、当然のことと心得ましょう。私たちの考えや目の前に現れていることに注目すべきではありません。私たちには理解しがたいことであっても、その優れた判定者なる神に栄光を帰しましょう。

　ともあれ詩編第 51 編で言われていることをいつも想起しましょう。すなわち、私たちは日々神に対して様々な罪を犯しているばかりか、罪と呪いの中で生まれたせいで、何かを考え、語り、行う前にすでに汚れた者であるということをです。

　さて、パウロが「**怒りの子**」という語で言わんとしてるのは、私たちが死を受け継ぐ者であり、胎に宿るやすぐに神に敵対する者になってしまうということです。

　けれども神は残酷な方ではなく、ご自分が造られたものを憎む方でもありません。とはいえ、「神が造られたものはすべて良かった」[1] と言われている通り、父祖アダムにあった純粋さを私たちが持ち続けているとしたならの話です。そうではないので神はご自分の作品[2] である私たちを憎まれるのです。

　神が私たちを憎まれ、私たちすべてに復讐するため、いわば武装されているので、それゆえ私たちはまさしくそれに値するのだと結論すべきです。

1）　創世記 1:31。
2）　エフェソ 2:10。

Et combien que le peché ne se puisse monstrer au doigt (comme nous avons dit), neantmoins que Dieu le cognoist assez, et qu'il faut qu'en cela nous ayons la bouche close. C'est en somme ce que nous avons à retenir de ce passage, l'appliquant à ce que S. Paul a entendu.

Car si les Iuifs qui semblent avoir eu, ou deu avoir quelque honneur particulier, sont neantmoins enclos sous ceste condition generale des hommes, nous qui sommes descendus des Payens, que pouvons-nous alleguer si nous voulons apporter quelque vanterie devant Dieu?

Ainsi donc, nous avons bien à estre confus au double, voyant que ceux au pris desquels nous ne sommes rien, toutesfois n'auroyent nulle entree au royaume de Dieu, si ce n'est par sa pure misericorde, et qu'ils ont esté reconciliez par le moyen de nostre Seigneur Iesus Christ.

Or il y a encores une question ou doute, qu'on pourroit faire. Car comment est-ce que les Iuifs estoyent ennemis de Dieu, veu que desia il s'estoit declaré leur Pere?

On dira qu'il restoit encores de voir ce qui leur estoit figuré, et que la verité et substance en fust accomplie.

Mais nous avons à noter outreplus, que les Iuifs, encores que Dieu les eust adoptez en la personne d'Abraham, ont esté receus en Iesus Christ, et ceste grace-là a esté fondee sur luy.

Comme quand il est dit, En ta semence seront benites

（先に触れたように）たとえはっきりと指摘できる罪ではなくとも、神はその罪を十分ご存じですから、それについて私たちは沈黙するしかありません。パウロが意図したことに沿って、この箇所から以上のことを心に留めましょう。

　なんらかの特別な名誉を持っていた、または持っていたはずと思われるユダヤ人たちが、それでも一般的な人間のありようの中に含まれるなら、異邦人の子孫である私たちは、神の前に何か誇れるものを持ち出したいと思っても何を主張できるのでしょうか。

　そのようなわけで、私たちなどと比べようのない人々が、神の純粋な憐れみによらなければ神の国に入れず、主イエス・キリストを通して和解に至ったことを思えば、私たちは倍も恥じ入らなければなりません。

　さて、まだもう一つの問いというか、疑問があります。神が彼らの父であるとすでに宣言されていたのに、「どうしてユダヤ人は神の敵であったのか」ということです。

　彼らに予型として示されたものをまだ目にしていなかったし、その内実、実体はまだ実現されていなかったと言う人もいるでしょう。

　しかし私たちがさらに注目すべき点は、アブラハムを通してユダヤ人は神の子とされたけれども、イエス・キリストによって受け入れられたのであり、その恵みはキリストの上に築かれた、ということです。

　「地上の諸国民はすべて、あなたの子孫によって祝福を得る」〔創世記 22:18〕と言われている通りです。ガラテヤの信徒へ

toutes nations de la terre. Et nous avons veu au Galates, que ceste semence-là devoit revenir à nostre Seigneur Iesus: car sans luy il n'y a que dissipation, et nulle unité.

Puis qu'ainsi est, il ne se faut point esbahir si sainct Paul attribue ici à la pure bonté et gratuite de Dieu, ce que les Iuifs ont esté receus en l'Eglise comme les Payens.

Mais il y a le second article qu'il ne faut point oublier, c'est à sçavoir, que les Iuifs, ayans obtenu une telle grace, sont tousiours demeurez en suspens iusques à la venue du Redempteur. Et voilà pourquoy nous verrons en l'autre passage, que ceux qui estoyent pres, et ceux qui estoyent loin, ont esté reconciliez par luy.

Car nous sçavons qu'il ne se fait nul appointement devant Dieu sans effusion de sang. Or les sacrifices de la Loy ne pouvoyent pas abolir les pechez, ni appaiser l'ire de Dieu et sa malediction.

Quand on presentoit le sang d'un boeuf, ou d'un veau, ou d'un agneau, ce n'estoit pas pour reconcilier Dieu: il n'y a pas une telle vertu en des bestes brutes: et mesme ce qui est corruptible ne parvient pas iusques à l'ame.

Il faut donc conclure que les Iuifs par esperance ont esté enfans de Dieu: mais ils estoyent tousiours separez de luy, iusques à ce que l'union ait este faite en la personne du Redempteur. Et voilà comme Dieu s'est monstré favorable envers eux, comme envers le reste du monde.

Voilà aussi pourquoy sainct Paul adiouste *que Dien estant*

の手紙において〔3:16〕、私たちはこの子孫とは主イエスを指すことを知りました。主なしでは滅びるばかりで、一つになることはないからです。

こういうわけで、ユダヤ人たちが異邦人たちと同じく教会に受け入れられたことを、パウロが神の無償の純粋な恵みに帰しても驚くには及びません。

しかし忘れてはならぬ第二の点があります。すなわち、ユダヤ人たちはこのような〔アブラハムの子孫としての〕恵みを受けたのに、贖い主が来られるまで定まらぬ状態にあったのです。他の箇所で、「近くの者と遠くの者とがキリストにおいて和解させられた」[3]とあるのはこのためです。

血を流さずに神の前での贖罪はないことを私たちは知っています。しかし律法による種々の犠牲では、罪を消すことも神の怒りや呪いを宥（なだ）めることもできませんでした。

雄牛や子牛、小羊の血を捧げても、神の赦しを得ることはできなかったのです。野獣にはそのような力はないのです。滅び行くものが魂にまで到達することなどありません。

そこでユダヤ人たちは希望においては神の子らでしたが、贖い主によって一つにされるまではいつも神から離れていたと結論すべきです。こうして神はユダヤ人たちに対し、それ以外の人々に対するのと同様に好意を示されたのです。

そういうわけで、パウロは、**「憐れみに富みたもう神は彼らを生かし」**、異邦人と同じように、**「大いなる愛によって、彼ら**

3）　エフェソ 2:17。

riche en misericorde les a vivifiez, comme aussi les Payens, *voire selon sa grande charité, de laquelle il les avoit aimes.*

C'est le principal (comme nous avons touché ce matin) que S. Paul deduit, c'est à sçavoir que nous apprenions d'estre confus, et mesmes d'avoir en horreur nostre povreté, quand nous venons à nostre origine, et que nous considerons en quel estat Dieu nous a prins, et de quell abysme nous sommes sortis, quand il nous a tendu la main.

Pour le second, que nous magnifions tant plus sa bonté, d'autant que c'est une chose incroyable, quand il veut que la doctrine de vie viene iusques au profond des enfers pour nous vivifier: car nous y estions plongez.

Ainsi, il nous faut bien noter ces mots, quand il dit que Dieu estant riche en misericorde, selon la grande amour qu'il nous a portee, a vivifié les morts et trespassez. Il est vray que ce titre-ci conviendroit tousiours à Dieu, d'autant qu'il ne diminue ni augmente: il sera donc tousiours riche en bonté.

Mais il nous faut quant et quant noter la circonstance du lieu et l'argument que traitte ici sainct Paul, c'est à sçavoir que selon la grandeur de nos miseres, Dieu aussi a desployé les thresors inestimables de sa misericorde sur nous.

Et pour ceste cause aussi il adiouste, La grande charité de laquelle il nous a aimez.

Car il faut bien qu'il y ait eu une bonté en Dieu qui nous ravisse du tout, pource qu'elle surmonte tous nos sens, et que

を愛した」と付け加えたのです。

　これが（今朝も触れたように）パウロが述べた主要な点です。すなわち、私たちは己の生来の姿を省みて、神が御手を差し伸べてくださった時に、どんな状態にある私たちを捉えて、どんな深淵から救い出してくださったのかを考えて、恥じ入り、自分の惨めさに恐れすら抱かざるを得ないと学びました。

　次に、神が命の教えを地獄の底まで届かせ、そこに沈んでいた私たちを甦らせようと望まれるのは驚嘆すべきことです。それだけに、私たちは一層神の善意を讃美しましょう。

　そこで私たちは、「**憐れみに富みたもう神は私たちに注がれる大いなる愛をもって死者、亡者をも甦らせた**」というパウロの言葉を、よく心に留めなければなりません。〔憐れみに富みたもう神という〕この呼称は、減じることも増すこともないので、常に神にふさわしいというのは本当です。神は常に恵みに富んでおられるのです。

　けれども同時に、その場の状況やパウロがここで扱っている話の内容に注意してみなければなりません。すなわち私たちの悲惨が大きいだけに、それに応じて、神もまた測りがたいほどの憐れみの富を私たちに及ぼしてくださったということです。

　だから彼は「**私たちを愛してくださった神の大いなる慈愛**」と付け加えているのです。

　神には私たちを魅了して止まぬ恵みがあったからです。その恵みは私たちの感覚をはるかに超えて大きく、それを味わおうと努めてみても、私たちにはその百分の一も味わえないほどな

nous n'en pouvons gouster la centieme partie, quand nous-nous y serions bien employez. Et pourquoy?

Quand sainct Paul dit que Dieu nous a aimez, il parle notamment de soy et de ses semblables, qui avoyent esté choisis d'entre ce peuple-là, quant la plus grand'part a este retranchee.

Car combien que les Iuifs fussent les premiers nais, et qu'ils eussent droict par dessus nous comme d'heritage, et que nous ne soyons que comme petis avortons (ainsi que S. Paul en parle), si est-ce neantmoins que les voilà maintenant bannis du royaume de Dieu, les voilà comme en tesmoignage, qui doit faire dresser les cheveux en la teste à un chacun, voyant l'ire et la vengeance de Dieu estre desployee sur eux.

Ainsi, quand sainct Paul et quelque petit nombre ont este eleus d'entre les Iuifs, c'est pour l'amour de Dieu, laquelle a eu plus grand lustre envers eux.

Comme auiourd'huy, si l'Evangile estoit purement presché par tout le monde, que la foy aussi fust indifferement donnee à tous, qu'il n'y eust celuy qui incontinent ne fust touché du sainct Esprit, et que nous fussions tous pareils, il sembleroit que ce fust comme un cours de nature.

Et comme le boire et le manger nous sont communs, il sembleroit aussi que nous eussions cela de nostre mouvement propre, et que ce ne fust point une grace speciale de Dieu.

Mais quand nous voyons tant de pays affamez, qu'il ne pleut point là une seule goute de bonne doctrine, que mesmes

のです。なぜでしょうか。

　パウロが「**神は私たちを愛してくださった**」と言うとき、彼はとりわけ自分と、ユダヤ人たちの中から選ばれた仲間について語っています。ユダヤ人の大部分は取り除かれたのです。

　ユダヤ人たちは長子であり、私たちに優る相続権を持っていましたが、（パウロが〔Ⅰコリント 15:8 で〕言うように）私たちの方は月足らずで生まれたような者に過ぎません。にもかかわらず彼らは今や神の国から追放され、その証人となったのです。神の怒りと復讐が彼らの上に降りかかるのを見ると、誰もが髪が逆立つほどおののかずにはおれません。

　ですから、パウロや少数の人々がユダヤ人の中から選ばれたのは、神の愛によるもので、その愛は、彼らに対しひときわ大きく輝いたのです。

　今日、もし福音が全世界で正しく説かれ、信仰もすべての者に等しく与えられ、聖霊によってただちに動かされない者はなく、私たちが皆同じようであったなら、それは自然の成り行きだったように思われるでしょう。

　私たちの誰もが飲み食いするように、そうしたことは私たち自身の働きであって、神の特別な恵みによるものではなかったようにも思えるでしょう。

　しかし、多くの〔真理に〕飢えた国々があり、そこでは正しい教えの雨が一滴たりとも降らず、貧しい人々でさえサタンの

les poures gens sont abruvez des mensonges et tromperies de Satan, et d'autre costé que Dieu nous esclaire ici, et nous arrouse de sa parole: et d'où vient cela, sinon de ceste grande amour dont parle ici sainct Paul?

Il y a pour le second, que beaucoup de gens auront les aureilles batues de l'Evangile: et on voit à l'oeil qu'ils s'endurcissent par cela et deviennent tousiours pires.

Car il est certain qu'en la Papauté on ne verra pas des monstres si horribles, comme on en voit là où l'Evangile se presche, et là où on en fait profession: car ils se diront estre reformez, et il semble que ce soyent des diables encharnez: et ne faut point aller loin pour voir de tels spectacles.

Ainsi donc, notons qu'ici il ne faut pas qu'un chacun cuide avoir eu quelque chose pour plaire à Dieu plus que son compagnon, et que nous presumions de valoir rien qui soit: mais revenons tousiours à ceste fontaine qui ne se peut espuiser, et n'allons point à ces cisternes qui sont pertuisees, qui ne peuvent contenir eau: ou bien qu'il n'y a que bourbier et infection: car voilà que c'est de toutes les gloires et vanteries des hommes:

mais puisons de ceste amour de nostre Dieu, et confessons qu'il ne faut point que Dieu soit induit ni esmeu d'ailleurs, sinon qu'il luy a pleu nous aimer gratuitement, quand il nous a receus à soy, et qu'il nous a illuminez par son S. Esprit en la foy de l'Evangile. Voilà donc ce que sainct Paul a voulu ici noter.

嘘や偽りを吹き込まれ、他方ここ〔ジュネーヴ〕では、神が私たちを光で照らし、御言葉で潤してくださるのを見ると、それはパウロがここで語っている神の偉大な愛からでないとしたら、どこから来るのでしょうか。

しかし後者〔ジュネーヴ〕について言うなら、多くの人々が福音を耳に叩き込まれたはずなのに、かえって頑なになり、絶えず悪へ向かっているのをこの眼で見ることができます。

福音が説かれ、人々が信仰を告白しているところでも、教皇国にも見られないほど恐ろしい怪物が見られるのは確かです。というのも、彼らは自分たちが改革されたと言うでしょうが、肉体をまとった悪魔のように見えるからです。このような光景を見るために遠くに出かけるには及びません。

ですから、私たちは皆、何か神に喜ばれるようなものを仲間よりも多く持っていると思ったり、自分になんらかの価値があるなどと過信しないように注意しましょう。そうではなく、尽きぬこの泉にいつも立ち帰り、底の抜けた貯水槽には決して向かわないようにしましょう。それは水をためることができず、泥だらけで悪臭を放っています。ここにこそ人間のあらゆるたぐいの高慢や自惚れがあるのです。

神の愛から水を汲みましょう。そして、神が私たちを自らの内に受け入れ、聖霊を通して福音の信仰で照らしてくださったのは、私たちを無償で愛することを良しとされたからであり、外から動かされ揺さぶられるからではない、ということを告白しましょう。パウロが語りたかったのはこのようなことです。

Or d'autre part, à fin que les hommes (comme ils sont subtils pour tousiours cercher quelques eschappatoires) ne prennent point excuse qu'ils sont sous la tyrannie du diable, et que cela ne leur doit point estre imputé, sainct Paul monstre que ceste servitude ne laisse point d'estre volontaire.

Nous avons declaire ce matin, qu'avec tout nostre franc-arbitre, nostre raison et volonté, si sommes-nous comme enchainez pour server à Satan, et que nous ne pouvons que tout mal, et que nous ne serions pas meilleurs de nature que sont les pires brigans du monde, n'estoit que Dieu eust eu pitié de nous: comme aussi sainct Paul nous a proposé comme un miroir les autres et ceux qui despitent Dieu et tout ordre, qui sont poussez de Satan en toute furie, disant que nous leur serions semblables, sinon que Dieu nous eust este pitoyable.

Or maintenant il y en a beaucoup qui murmurent contre Dieu et intentent proces, Et quand on abatra ainsi le franc-arbitre, que sera-ce? Si les hommes se pouvoyent employer au bien, et que cependant ils n'en tinssent conte, mais plustost qu'ils s'adonnassent à mal, il est vray qu'ils seroyent tenus coulpables à bon droict: mais s'ils ne peuvent que mal faire, pourquoy Dieu les iugera-il? Or c'est pour le moins qu'ils soyent absous, quand on voit que desia dés le ventre de la mere ils sont detenus sous l'empire de Satan.

Voilà qu'alleguent beaucoup de gens, cuidans se laver les mains: voire, et encores ne sont-ils pas contens de se vouloir

また人間が、自分たちは悪魔の専制下にあるので、それは自分たちの責任ではないなどと言い訳をしないように（というのも人間は常になんらかの逃げ口上を見出すのに長けていますから）、パウロは、そのような隷属は必ずや自らの意志でなされると示しています。

　今朝、述べたように、私たちの自由意志、すなわち理性や自発性があっても、私たちはサタンに奉仕するよう、いわば鎖につながれており、悪しかなしえず、極悪な山賊より本来ましというわけでもなく、神に憐れんでいただくしかありませんでした。パウロは、他の人々や神とその命令すべてを蔑ろにし、サタンによって激情に駆られた人々のことを〔反省すべき〕鏡として持ち出し、神が憐れんでくださったのでなければ、私たちも彼らと同じようになっていただろうと言っているのです。

　ところが今では、多くの人々が神に対して不満を言い、訴えを起こしています。「このように自由意志を踏みにじるなら、どうなるのか」とか、「人間は善行に励むことができるというのに、それを弁えず悪にふけるのなら、有罪とされるのは当然だ。しかし、もし悪しかなしえないとしたら、なぜ神は人間を裁くのか。母の胎内にいた時からすでにサタンの支配下にあったのなら、少なくとも人間には罪はない」と言うのです。

　多くの人々が責任逃れをしようと思い、こうしたことを述べ立てています。さらに、虚しい言い訳で自分を正当化するだ

iustifier par vains subterfuges, mais blasphement à l'encontre de Dieu, comme s'il estoit cause de leur damnation.

Or sainct Paul pour venir au devant de telles calomnies, dit que ceux qui sont sous la captivité de Satan et de peché, ne laissent pas neantmoins d'estre à bon droict condamnez. Car il n'y a point ici une force contrainte: il y a bien subiection, mais elle est volontaire.

Et voilà pourquoy il dit que ceux qui ont este reduits à nostre Seigneur Iesus, *ont cheminé aux concupiscences de la chair:* c'est à dire, devant que Dieu les eust changez, et que par son sainct Esprit il les eust ramenez à son obeissance, qu'ils cheminoyent en leurs concupiscences mauvaises.

Il est vray que les hommes diront que leur nature est vicieuse: mais tant y a qu'il suffit que la volonté y soit. Tous confesseront que c'est la volonté qui discerne entre vice et vertu: mais les Philosophes parlans ainsi, estiment que nous avons une volonté franche et libre.

Et voilà qui les trompe, qu'ils ne cognoissent point que par la cheute d'Adam nous avons este corrompus: cependant toutesfois nous ne laissons pas d'estre à bon droict maudits, puis que c'est de nostre bon gré que nous offensons Dieu.

Et voilà pourquoy aussi il adiouste derechef, *Faisans les desirs de nostre chair, et de nos pensees.* Comme s'il disoit que ceux qui sont possedez de Satan et detenus sous la servitude de peché, ne peuvent point alleguer quelque contrainte.

けでは飽き足らず、断罪されたのは神のせいだとでも言うように、神に向かって冒瀆する言葉を吐いています。

　パウロはこういった中傷に立ち向かおうとして、サタンと罪に捕らえられた者たちは当然断罪されると言っています。なぜなら、それは強制されたものではないからです。〔サタンに〕従属しているのは、自発的だからです。

　主イエスのもとに連れ戻された人々は「**肉の欲の道を歩んでいた**」とパウロが言うのもそのためです。つまり神が彼らを造り変え、聖霊を通して服従させる以前には、悪しき欲の道を歩んでいたということです。

　確かに人々は、自分たちは生まれながら悪徳に染まっているが、意志があれば充分だと言うでしょう。また誰もが、悪徳と美徳を識別するのは意志だと認めるでしょうが、哲学者たちもそのように述べて、人間には自由で縛られぬ意志があると考えています。

　それこそ彼らに思い違いをさせている点です。アダムの堕罪によって私たちが腐敗したということを彼らはまったく分かっていません。私たちが神を冒瀆するのは進んでしていることなので当然呪われざるを得ません。

　パウロがここで再び、「**肉の欲や心の欲するままに行動し**」と付け加えているのもそのためです。サタンに取り憑かれ、罪の奴隷になっている者たちが、強いられてのことと申し開きはできないと言おうとしているかのようです。

Et pourquoy? Car c'est leur propre volonté qui les pousse à cela.

Voilà en somme comme S. Paul a voulu clore la bouche à tous mesdisans, à fin que les hommes n'attentent nulle querele contre Dieu, pretendans qu'on ne leur doit point imputer le mal, puis que desia ils y sont subiets de nature.

Or cependant notons que sainct Paul a ici conioint les pensees avec la chair, à ce que nous cognoissions que le peché s'estend par tout, et que nous n'avons nulle portion pure et nette que l'infection ne soit entree iusques là.

Car les Papistes confesseront bien que nous sommes corrompus en Adam: mais ils disent quand nous sommes solicitez, que nous tendrons tousiours à mal: cependant si nous escoutions la raison et que nous tinssions bride à nos appetis pour les bien reigler, qu'alors nous verrions bien que nous ne sommes pas du tout inutiles à bien faire.

Voilà l'opinion des Papistes, c'est qu'ils disent que le franc-arbitre de l'homme n'est pas en telle vigueur qu'il estoit au commencement, et qu'il a esté blessé, voire navré bien fort: mais si est-ce qu'il a encores quelque vie, c'est à dire quelques vertus qu'ils conçoyvent.

Or ce matin nous avons veu la sentence du sainct Esprit estre plus generale, c'est que non seulement nous sommes malades, mais nous sommes morts, iusques à ce que nous soyons ressuscitez par Iesus Christ.

なぜでしょう。そのような状態に陥るのは「自らの意志による」からです。

　要するに、このようにしてパウロはすべての中傷家の口を封じたかったのです。自分たちはすでに生来悪に染まっているのだから、その責任を負わされる理由はまったくない、などと言って神と争うことが決してないようにするためです。

　とはいえ、ここでパウロが「**心**」と「**肉**」を結びつけたことに注意しましょう。罪があらゆるところに広がっており、汚れがそこまでは入り込んでいないような純粋で清潔な部分はどこにもないと私たちが知るためです。

　というのも、教皇主義者たちはアダムのせいで私たちが堕落しているとは認めるでしょう。しかし私たちはそそのかされると常に悪に向かうが、理性の声を聞き、欲望を制御しようとそれに歯止めをかけるなら、善をなすことにも決して無力ではないと言っているのです。

　これが教皇主義者たちの言い分です。つまり人間の自由意志は創造時ほど強くなく、傷つき、しかもひどく痛めつけられたが、まだなんらかの活力があり、彼らの考えている幾らかの力があるというわけです。

　ところで、今朝、私たちは聖霊による断罪はより広く及んでいることを知りました。私たちは病んでいるだけでなく、イエス・キリストによって甦らされるまでは死んでいるからです。

Maintenant sainct Paul conferme cela, disant que les appetis mauvais ne sont pas seulement ceux qui nous attirent çà et là, et qu'on appelle des appetis sensuels, en quoy nous approchons des bestes brutes: mais prenons-le plus specialement.

Toutes les pensees, tous les conseils, tout ce qui sera iugé le meilleur en l'homme, que sera-ce? C'est (dit S. Paul) toute iniquité.

Car si Dieu nous laissoit aller selon nos pensees, il est certain qu'il n'y auroit point plus horrible abysme que cestuy-là.

Ainsi donc, nous voyons que les hommes ne sont pas ici humiliez à demi, pour seulement confesser leur fragilité, et qu'ils ont besoin d'estre secourus et aidez de Dieu en partie: mais les voilà du tout damnez devant luy, veu que leurs pensees sont ici dites meschantes et perverses, et qu'il n'y a rien qui n'irrite la vengeance de Dieu contr'eux.

Ainsi donc d'un costé passons condamnation, sçachans bien que c'est à bon droict qu'en la personne d'Adam, nous avons esté despouillez de toutes les graces de Dieu.

Et puis d'autre part, ne prenons point excuse là dessus, cuidans eschapper par un tel subterfuge, que nous sommes serfs de peché, et que la faute ne doit pas estre en nous, d'autant que desia dés nostre naissance nous sommes detenus sous les liens et cordeaux de Satan.

さて、パウロはこの点を確認し、悪しき欲望とは、私たちをあちこちに引っ張り回し、獣に近いものとするあの肉欲と呼ばれるものだけではないと言っているのですが、これについてはとりわけ注目しましょう。

　あらゆる思い、あらゆる意図、人間にある最良とみなされるものすべては、なんなのでしょうか。パウロは「不正そのものだ」と言っています。

　なぜなら、もし神が私たちを自分の思うままにさせておかれるなら、これほど恐ろしい奈落はないというのは確かだからです。

　したがって人間は、ここではただ自分の弱さを認め、「幾分かは神の支援や助けが必要だ」と告白するといった、中途半端な謙虚さでよいわけではないと分かります。彼らの思いは邪悪とも悪辣とも呼ばれており、**「神の怒りを引き起こす」**ばかりなので、彼らは神の前で全面的に断罪されているのです。

　ですから、一方では、アダムによって私たちが神の恵みをすべて奪い取られたのは当然であると知って、断罪を受け入れましょう。

　他方、「私たちはすでに誕生した時からサタンの鎖と縄で縛られているのだから罪の奴隷であり、私たちに責任はないはずだ」という逃げ口上で罪を免れようなどと思い、言い訳をしないようにしましょう。

Mais il nous faut tousiours regarder que chacun trouvera la source de son mal en sa propre conscience. Que les hommes plaident tant qu'ils voudront: mais s'ils entrent en eux et qu'ils interroguent leur conscience, les voilà condamnez et confus sans aucune replique.

Quand un homme aura bien babillé, qu'il cuidera avoir gaigné sa cause en disant qu'il n'a pas franc-arbitre et qu'il ne peut resister à Dieu, il ne faut que ce mot,

Que tu penses que c'est qui te solicite à mal?
Ho, c'est le diable.
Et bien: mais regarde un peu,
si tu es tellement excusé,
que tu ne sentes bien que tu as este incité
et poussé de ton propre mouvement.
Ne cognois-tu pas la source et la racine du mal estre en toy?
Quand tu es ainsi rebelle à Dieu,
que tes pensees sont pleines de mensonge et d'incredulité:
et d'autant plus mesmes que tes appetis sont exorbitans,
qu'ils sont armez à rencontre de Dieu et de sa iustice
pour luy faire la guerre:
quand tu vois tout cela, faut-il plus plaider?

Ainsi donc, ne cerchons point subterfuge aucun, veu que nous avons un iuge suffisant là dedans, que nous portons:

そこで、誰もが「悪の源は自分の心の中にある」と常に考えなければなりません。抗弁したければ好きなだけすればいいでしょう。しかし、自分を省み、自分の心に問いかければ、そこには反論しようもなく断罪され、恥じ入る己の姿があります。

　ある人が無駄口を叩いて、自分には自由意志がないので、神に抗(あらが)うこともできないと言って、それで自分の主張が通ったと思っている場合には、こう言えばいいのです。

「君を悪に誘い込んだのは誰だと思うかね」。
「ああ、それは悪魔だ」。
「なるほど、でもちょっと考えてみたまえ。
　君はそんなに大目に見られているのか。
　自分自身の衝動に駆り立てられたと感じないとは。
　申し開きができる立場にあるのか。
　悪の根源は君自身の内にあることを認めないのかね。
　君はこのように神に反抗し、
　君の思いは嘘と不信に満ちており、
　しかも欲望は法外に膨れ上がって
　神とその正義に対して戦いを挑もうとしている。
　それを知った上でなおも抗弁する気かね」。

　だから、どんな言い訳をするのもやめましょう。私たちの心の内には有能な審判者がいて、各々の良心がそんな言い訳を非

quand la conscience d'un chacun le redargue. Voilà à quoy S. Paul a tendu en ce passage.

Or de là nous sommes aussi admonnestez de ne point presumer rien de nous, mais refrener tous nos sens, tous nos conseils et toute l'intelligence et raison que nous cuidons avoir.

Car iusques à ce que nous ayons ainsi renoncé à nous mesmes, il est certain que iamais nous ne serons propres pour nous appliquer au service de Dieu.

Or notamment sainct Paul dit aussi, que ceux qui sont vivifiez de Dieu, sont rendus par ce moyen compagnons de nostre Seigneur Iesus Christ: car c'est en luy qu'ils ont aussi leur vie.

Il est vray qu'il la nous faut cercher en l'essence de Dieu: mais pource qu'elle nous est trop haute, et que nous n'y pouvons pas parvenir, ni mesme en approcher, voilà pourquoy nostre Seigneur Iesus est nommé la vie.

Or il se presente, n'attend pas que nous le cerchions, comme s'il estoit eslongné de nous, mais il a les bras estendus pour nous convier à soy, pource qu'en l'Evangile il dit, Si aucun a soif, viene à moy et boyve: cela est accompli en sa personne, comme n'agueres il fut dit.

Ainsi donc, que ce mot-là soit encores noté, là où sainct Paul dit que ceux qui estoyent morts auparavant, ont este vivifiez par Iesus Christ.

難するのです。パウロがこの箇所で言おうとしたのはこのようなことです。

　また、それだから私たちは自分を買いかぶることなく、自分たちが持っていると思い込んでいるすべての感覚、意図、知性、理性を抑制するように諭されています。

　このように自分自身をすっかり捨て去るまでは、私たちは神への奉仕に献身するにふさわしくないのは確かです。

　さてパウロはとりわけこうも言っています。神に生かされている者はそれによって主イエス・キリストと共に歩む者となる、と。彼らが命を持つのも主イエスの内においてだからです。

　確かに、私たちは命を神の本質の中に探し求めねばなりません。しかし、神の本質は私たちにはあまりにも崇高で、到達することはむろん、近づくことすらできません。それゆえ、主イエスは「命」[4]と呼ばれるのです。

　主イエスは御姿を現し、遠くにあって探し出されるのを待っておられるのではなく、私たちを迎え入れるために御腕を広げておられます。福音書の中で、「渇いている人はわたしのところに来て飲みなさい」〔ヨハネ 7:37〕とあるように、そのことは先に触れたように主イエスの内に実現されているからです。

　したがって、この御言葉をよく心に留めましょう。「**以前には死んでいた者たちがイエス・キリストによって生かされた**」とパウロが述べていることです。

---

4)　ヨハネ 14:6。

Or ici nous voyons encores mieux ce que nous avons touché en brief ce matin, que sainct Paul ne parle pas d'une mort visible et de laquelle on puisse iuger selon l'apparence, il parle de la corruption qui est en nos ames: car il nous redargue tous.

Comment donc pourrons-nous parvenir à la vie celeste? Comment serons-nous ressuscitez et vivifiez, pour posseder l'heritage qui nous est promis? Nous voyons à l'opposite comme nous sommes ici bas subiets à tant de miseres que rien plus.

Il faut donc rapporter cela à ceste nouveauté de vie, de laquelle il parle ailleurs.

Or il est vray que ceste vie n'est pas encores parfaite en nous, il n'y en a que des petis commencemens, lesquels sont pour nous conduire plus avant, et pour nous mener iusques à la fin, quand nous serons parveuus à ceste gloire pleine, de laquelle il est ici parlé.

Et nous voyons aussi comme sainct Paul se proposant pour exemple, allegue qu'il avoit tout abandonné pour nostre Seigneur Iesus, voire iusques à ceste folle opinion qu'il avoit de sa iustice: combien qu'on l'estimast comme un petit Ange, si est-ce qu'il cognoist qu'il faloit qu'il fust sauvé par la pure grace de Dieu en Iesus Christ.

Or il avoit au lieu de tous ses honneurs et richesses souffert tant d'opprobres, tant de gehennes, tant de batures et de prisons, qu'on eust dit qu'il estoit eslevé par dessus le monde:

さて、今朝短く触れたことが、ここで一層よく理解できるわけです。パウロは、目に見える死、外見から判断できる死についてではなく、私たちの魂の内にある腐敗について語っているのです。つまり彼は私たち皆を咎(とが)めているのです。

　ではどのようにすれば、私たちは天上の命に到達できるのでしょうか。どうやって私たちは生き返らされ、命を与えられ、約束されている嗣業を得られるのでしょうか。いやそれどころか、地上ではなんと多くの悲惨の中にあるのかが分かります。

　ですから、この点をパウロが他の箇所で述べている「新しい命」〔ローマ 6:4〕と関わらせてみなければなりません。

　確かに、この「新しい命」は私たちの中ではまだ完全ではなく、小さな始まりに過ぎませんが、それは私たちを前進させ、終わりまで導き、ここで述べられているまったき栄光にまで私たちを到達させるのです。

　また私たちは、パウロが自分自身を例に挙げ、すべてを主イエスのために捨て去ったと言っていることを知っています〔フィリピ 3:8〕。自らの義について抱いていた愚かな考えも含めてです。彼は小天使のようにみなされていましたが、イエス・キリストにある神の真の恵みによって救われなければならなかったと知っていたのです。

　パウロは、いかなる名誉も富も得るどころか、かくも多くの恥辱、拷問、殴打、投獄に苦しんだので、この世を超えた高みに上げられた、と言われたかもしれませんが、彼はこう付け加え

tant y a qu'il adiouste, Non pas que ie soye encores parvenu à mon but, mais ie m'efforce et oublie le temps passé.

Car si ie m'arrestoye à ce que i'ay fait, pour dire, I'ay surmonté tant de combats, et si vaillamment, ie n'ay cessé de publier l'Evangile par tout, i'ay besongné en sorte que le fruict de ma doctrine est parvenu à tout le monde: i'ay passé la mer: i'ay esté en des nations barbares, où iamais on n'avoit ouy parler de Dieu ni de l'Evangile: i'ay eu tant de resistances, et ie les ay toutes surmontees: i'ay eu combat à tant d'ennemis, et i'en suis venu à bout:

si (di-ie) sainct Paul eust eu toutes ces considerations-là, il fust devenu froid: comme il nous est aisé de nous reculer, quand nous pensons, Ho, i'en ay assez fait: que les autres marchent en leur rang.

Chacun donc voudroit demander congé, quand il auroit fait ie ne sçay quoy.

Mais sainct Paul dit qu'il oublie le temps passé, à fin de ne donner point occasion de paresse à ce qui luy peut venir en fantasie, et dit qu'il s'efforce et qu'il a les bras estendus pour y parvenir.

Et sainct Paul a-il fait ces efforts-là long temps? Iusques en la fin.

Notons bien donc que nostre gloire ne sera iamais parfaite, c'est à dire, nous n'aurons point la iouissance en perfection de la gloire que nous attendons, iusques en la fin.

ています。「私はいまだ目標に達していないし、力を尽くして
おり、過去など忘れている」[5]。

　「もし私がこれまでしたことに留まり、次のように言ったな
らどうなるだろうか。私は多くの戦いに勇敢に打ち勝ち、至る
ところでたゆまず福音を宣べ伝え、私の教えの実りが世界中に
行き渡るように努め、海を越え、神や福音についても聞いたこ
とがなかった異邦人のもとにも行ったし、数々の抵抗に遭い、
そのすべてを乗り越え、多くの敵を相手に戦い抜いたと」。

　パウロがそのような考えを抱いていたら、言っておきます
が、彼は心の冷えた人になっていたでしょう。「ああ、私は十分
やった。他の人たちも自分の道を進んで行けばよい」などと思
えば、簡単に後退してしまうのです。

　誰でも、何かをやり遂げると休みたいと思うものです。

　しかしパウロは、心に浮かぶ取り留めのないことを怠ける口
実にしないようにと、過去を忘れ、目標に達するために努力し、
力を尽くすと言っているのです。

　パウロは、このような努力を長いこと続けたのでしょうか。
終わりの日までです。

　私たちの栄光は決して完全にはならず、待ち望む栄光を最後
まで完全には味わえないことをよく心得ましょう。

5）　フィリピ 3:13。

Et pourtant il nous faut tousiours estre advertis de nos povretez pour en gemir devant Dieu et confesser que nous tenons tous de sa pure bonté.

Or donc, quoy qu'il en soit, nous voyons comme par l'Esprit de Dieu nous sommes reformez en nouveauté de vie: combien que nous conversions parmi les incredules, et que nous soyons subiets à beaucoup de povretez, et mesmes que le peché habite encores en nous, si est-ce qu'il n'y a celuy qui ne sente que les arres que Dieu luy a donnees de son sainct Esprit, ne sont pas vaines ni inutiles.

Si on allegue, que devant que Iesus Christ ait besongné en nous, desia il y a quelque vie, comme on le voit: la response a este donnee ce matin en brief, que d'autant que tout ce que les hommes ont naturellement, ne sera pas pour les approcher de Dieu, mais pour les faire arrester à ce monde, que tout cela ne doit point venir en conte, quand il est question de la vie celeste.

Que on nous applaudisse donc de tous costez, si est-ce que nous sommes morts quand Dieu nous laisse la bride sur le col, et que nous cheminons selon nostre fantasie et appetit.

L'homme aura bien quelque raison: mais que fera-il estant en sa nature? Il bataillera contre Dieu et contre toute verité. Cependant l'homme a aussi le vouloir (disent-ils), mais ce vouloir-là est mauvais.

Il est vray qu'il n'y a point de force (comme i'ay desia dit), mais tant y a que l'homme, combien que de son bon gré offense Dieu, si est-ce qu'il est malin et pervers, et que il a ceste maudite

それゆえ、私たちは、己の惨めさを常に知らされ、神の前に嘆き、誰もが神の純粋な慈愛に依っていると告白せざるを得ません。

　従って、いずれにしても私たちは、神の聖霊によっていかに新しい命に造り変えていただいたのかが分かります。不信仰者と付き合い、数々の悲惨に陥り、自らの内にいまだに罪を宿していてさえ、聖霊により神が授けてくださった保証は、虚しくも無用なものでもないと感じない人はいないのです。

　もし誰かが、私たちの内にイエス・キリストが働きかけてくださる前にすでに、目にしている通り、一応、命があると主張するなら、それに対しては今朝短く答えました。つまり人間に生来備わっているものはすべて、私たちを神に近づけるのではなく、この世に留め置くためのものなので、こと天上の命に関してはなんら重要ではないはずです。

　だからあらゆる点で称賛されても、首にある手綱を神に緩められ、己の思いと欲のままに歩むなら、私たちは死んでいるということです。

　人間にはなんらかの理性がありますが、生来のままでは何をすることでしょうか。神に敵対し、あらゆる真実に逆らうでしょう。「しかし人間には意志もある」と言う人々がいますが、その意志とは邪悪なものです。

　すでに触れたように、人間にはまったく力はないのですが、にもかかわらず、進んで神に逆らい、邪で悪賢く、悪しかなし

racine de rebellion en soy, tellement qu'il ne pourroit que mal-faire.

Or quand cela est, concluons hardiment que nous sommes en la mort, iusqu'à ce que nous soyons faits participans de la vie de nostre Seigneur Iesus Christ, et qu'il distribue à chacun selon la mesure qu'il luy plaist de son S. Esprit qu'il a receu: comme il est dit que l'Esprit de Dieu a reposé sur luy, et qu'il luy a este donné en toute plenitude, et que maintenant il faut qu'il en departisse à un chacun de ses fideles.

Selon donc que nostre Seigneur Iesus nous fait gouster son S. Esprit, et selon qu'il nous y conferme, voilà comme nous sommes vivifiez en luy et avec luy.

Or là dessus il adiouste *qu'il nous a fait seoir aux lieux celestes avec nostre Seigneur Iesus Christ.* Ceci est encores pour magnifier tant mieux la grace de laquelle il a este parlé iusques ici.

Quand en un mot il eust dit que nous avons esté vivifiez, ce seroit desia beaucoup: et cela devroit bien enflammer nos coeurs pour chanter les louanges de Dieu, et pour nous y exercer et y appliquer toutes nos estudes.

Mais il y a ici plus grande vehemence à cause de nostre froidure et lascheté. Car S. Paul d'un costé nous a declaré que nous estions en la mort, que nous estions detenus sous la tyrannie de Satan. Helas, ce sont choses espovantables.

Or maintenant il met à l'opposite, que non seulement nous avons este aimez de Dieu, mais qu'il nous a glorifiez

えないほど忌むべき反抗の根を自らの内に持っています。

　そうであるなら、私たちが主イエス・キリストの命に与り、主イエスがご自分に受けられた聖霊を御心のままに私たち一人ひとりに賜るまでは、私たちは死の中にある、とはっきり結論しましょう。神の聖霊は、主イエスの上に留まり、溢れるほどに与えられたのであり、今や信じる者一人ひとりに必ず分かち与えられると言われている通りです[6]。

　そこで主イエスが私たちに聖霊を味わわせてくださり、聖霊によって堅固にしてくださるので、私たちは主の内に、主と共に生かされるのです。

　それについて、パウロは、「**神は主イエス・キリストと共にわたしたちを天上の座に着かせた**」と続けます。それもまた、これまで語られてきた神の恵みをより一層讃えるためです。

　パウロが一言、「**わたしたちは神によって生かされた**」と言ったとしても、それだけでも大したことだと言えましょう。それは私たちの心を燃え上がらせ、神を讃える歌を歌い、讃美に励み、全力を尽くさせることになるはずです。

　しかし、私たちの冷淡さと無気力のせいで、ここではさらに激しい口調になっています。一方で、パウロは、私たちが死の中にあり、サタンの圧政下にあると断言したのですから。それは恐るべきことです。

　さて今、彼は、それとは反対に、私たちが神に愛されただけでなく、私たちを主にあって栄光ある者とし、地獄の底から天

---

6)　イザヤ 61:1、ルカ 4:18。

en soy, et que du profond des enfers nous avons esté eslevez iusques là haut au royaume des cieux, qu'il nous a logez là et nous y a donné siege avec ses Anges.

Quand donc nous oyons cela, il faut bien que nous soyons par trop eslourdis et que nous ayons nos sens plus qu'abrutis, si nous ne sommes esveillez à bon escient pour glorifier la bonte inestimable de nostre Dieu et conclure que nous sommes tellement tenus et obligez à luy, que quand nous ne ferions toute nostre vie autre chose que de prescher la grace que nous avons experimentee de luy, encores ce ne seroit rien.

Voilà donc pourquoy notamment S. Paul a mis que *nous sommes eslevez iusques au ciel avec Iesus Christ.*

Or de là nous avons à recueillir une exhortation qui nous est bien utile, c'est que combien que nous soyons ici en la fange, et que nous rampions comme povres grenouilles, toutesfois que nous devons bien porter patiemment ceste condition, puis que de l'autre costé Dieu nous a eslevez si haut, nous qui n'estions rien, et mesmes qui estions creatures detestables.

Et ainsi, toutesfois et quantes que nous avons à souffrir faim et soif en ce monde, que nous sommes mocquez par les incredules, que nous avons a souffrir beaucoup d'outrages, revenons à ce qui est ici dit, que neantmoins nous sommes desia assis au ciel avec Iesus Christ: voire, non pas que cela apparoisse.

Car il faut ici donner lieu à l'esperance, et donner lieu à ce

上の国まで引き上げ、そこに住まわせ、天使と共に座に着かせたと言っています。

　従って、このようなことを聞いている以上、神の無尽蔵の慈愛を讃えようとはっきり自覚し、また神にこれほど結びつき、多くを負っているので、身をもって知った神の恵みを宣べ伝えることだけに生涯専念したとしても、無に等しいと結論しないなら、私たちはあまりにも愚かで、恐ろしく鈍感に違いありません。

　だからパウロは、「**わたしたちがイエス・キリストと共に天に引き上げられる**」と特に述べたのです。

　さて、そこから、私たちにとって有益な勧告を受け入れなければなりません。つまり、この世で汚辱にまみれ、哀れなヒキガエルのように這いずり回っていても、私たちはこうした状態を耐え忍ばなくてはならないということです。というのは、神はもう一方で、無にも等しく、しかも忌まわしい生き物である私たちをこれほどの高みに引き上げてくださったからです。

　したがって、私たちがどれほどこの世で飢えや渇きに苦しみ、不信仰者に蔑まれ、多くの侮辱を受けなければならないとしても、ここで言われていることに立ち返りましょう。すなわち、私たちは、すでにイエス・キリストと共に天に座しているということです。それが明らかに示されていないとしても。

　ですから、ここで希望や、また他の箇所で言われていること

qui est dit en l'autre passage, que nostre vie est cachee, et qu'il nous faut tenir quois iusqu'à ce qu'elle apparoisse à la venue de nostre Seigneur Iesus Christ. Voilà donc en somme comme il nous faut prendre ce qui est ici touché de la condition diverse des enfans de Dieu, depuis qu'ils sont appelez à la foy de l'Evangile.

Or cependant il ne nous faut pas imaginer un paradis terrestre au monde, où nous n'aurons ni fascherie ni ennuy: il faut faire nostre conte que nous ne serons iamais traittez ici à nostre aise: et il nous faut aussi donner lieu à la foy, comme i'ay dit.

Et cependant, quand le S. Esprit prononce par la bouche de S. Paul, que nous serons eslevez en haut, il faut que nous baissions la teste et que nous souffrions d'estre opprimez par nos ennemis, et qu'en tout orgueil ils dominent par dessus nous: il faut que nous souffrions cela, et cependant que nous ayons ceste doctrine bien persuadee et resolue, que nous ne laisserons pas toutesfois d'estre heritiers du Royaume des cieux: car il est impossible que le chef soit separé des membres, et nostre Seigneur Iesus n'y est pas entré pour soy. Il nous faut tousiours revenir à ce principe.

Quand nous confessons que Iesus Christ est ressuscité des morts et monté au ciel, ce n'est pas seulement pour le glorifier en sa personne.

Il est vray que cela viendra en premier lieu, que tout genouil doit estre ployé devant luy, et que toutes creatures tant du ciel que de la terre et des enfers mesmes luy doivent faire hommage.

を引き合いに出さなければなりません[7]。私たちの命は隠されており、主イエス・キリストの到来によって命が現れるまでは落ち着いていなければならないということです。福音の信仰に召された後、神の子らの異なる在り方についてここで言われていることは、おおよそこのように解釈すべきです。

とは言え、煩いも苦しみもない地上の楽園を想像してはなりません。私たちはこの世で安心できる扱いを受けることは決してないと思い定めて、すでに述べたように、信仰を深めるべきです。

しかし、聖霊がパウロの口を通して、「私たちは高みに引き上げられるであろう」と告げる時、私たちは頭を垂れ、敵の圧迫に耐えるべきです。傲岸にも敵は私たちを支配しているのです。こうしたことに耐えなければなりませんが、天の御国を受け継ぐ者という確固たる、揺るぎない教えを保つべきです。なぜなら頭が肢から離れることはありえず、主イエスは御自分のために御国に入られたのではないからです。常にこの原則に立ち返る必要があります。

私たちが、「イエス・キリストは死人の内よりよみがえり、天に昇られた」〔使徒信条〕と告白するのは、単に主その方を讃えるためだけではありません。

確かに、すべてのものが御前に膝をかがめ、天と地と、さらに陰府にあるものさえも含めてあらゆる被造物が、主をほめ讃えることを第一にすべきです〔フィリピ 2:11〕。

---

7) コロサイ 3:3-4。

Mais tant y a que ceste union de laquelle nous avons traitté ci dessus, est accomplie en ce que Iesus Christ nous ayant recueillis en son corps, a voulu commencer en soy ce qu'il veut parfaire en nous, voire quand le temps opportun sera venu.

Ainsi donc Iesus Christ est entré au ciel, à fin qu'auiourd'huy la porte nous soit ouverte, laquelle nous estoit close par le peché d'Adam: et voilà comme desia nous sommes colloquez avec luy.

Or cependant sainct Paul monstre en un mot à quoy il a pretendu. Il est vray que ce mot-ci sera declaré plus au long en son lieu, où sainct Paul aussi en traittera plus à plein au sermon prochain.

Mais tant y a que nous pouvons voir à quoy il a pretendu, à fin que nous ayons un but certain et droit: c'est que nous sommes sauvez par grace, et qu'il n'y a rien que nul se puisse attribuer de propre.

Mais ce n'est pas assez d'avoir en un mot confessé que nostre salut procede de la grace de Dieu, et de l'avoir aussi senti là dedans: mais quant et quant il nous faut estre ravis en la grandeur infinie de ceste grace-là, voire considerans quels nous sommes, et puis considerans que tout le mal procede de nous, et qu'il ne faut point entrer ici en repliques, d'autant que nous sommes par trop convaincus de nos fautes: et que si Dieu exerçoit plus grande rigueur cent fois contre nous, que nous ne pouvons pas plaider contre luy ni entrer en dispute que nous

ともあれ、今述べた結びつきが成立するのは、イエス・キリストが私たちをその御体の内に受け入れてくださった上で、ふさわしい時が来たなら、私たちの内に完成させたいことをご自身において始めようとされたことにあります。

　このように、イエス・キリストが昇天されたのは、アダムの罪によって閉ざされていた扉が、今日私たちに開かれるためでした。私たちはこうして、すでにキリストのもとに召されているのです。

　さて、パウロは自分の伝えたかったことを「**恵みによって救われ**」と一言で言い表していますが、この言葉は、パウロがこの後の箇所でより徹底して扱っており、そこでさらに詳しく説明されるでしょう。

　とはいえ、私たちが確かで正しい目標を抱くように、パウロが何を主張したのかを見ておくことはできます。それは私たちが「**恵みによって救われ**」、自らに帰しうるものなど何一つないということです。

　しかし、私たちの救いは神の恵みに由来し、それを自分の内にも感じたと一言告白しただけでは十分ではありません。同時に、自分たちが何者であるかを考え、またすべての悪は自分たちに由来し、それに反論を唱えてはならないと考え、この恵みの限りない偉大さに歓喜すべきです。私たちは自らの過ちを重々承知しているからです。また神がもし百倍も厳格になられ

n'ayons tousiours ce tesmoignage de nos consciences, que nous sommes vrayement coulpables de mort, et qu'elle nous est deuë, et que nous l'avons bien meritee.

Puis que ainsi est donc, retenons bien ceste doctrine: car nous aurons beaucoup profité en toute nostre vie quand nous aurons cognu non seulement un mal en nous, mais un nombre infini.

Que nous apprenions donc de nous detester, de nous avoir en haine et en horreur: et de là quand nous serons venus à la grace qui nous est apparue en nostre Seigneur Iesus Christ, que nous cognoissions que sans icelle il faudroit que le diable eust pleine et entiere possession de nous, et qu'il y dominast comme il faisoit auparavant.

Mais que nous advisions aussi de faire valoir une telle grace, en sorte qu'elle soit pour abolir toute nostre malediction.

Et que nous sçachions que toutes nos miseres non seulement seront benites par nostre Seigneur Iesus Christ: mais aussi qu'il nous donnera telle force, que nous pourrons nous glorifier en nostre condition: combien que nous ayons à batailler contre beaucoup de tentations, et que nous soyons fragiles de nostre costé, neantmoins que nous les surmonterons tellement que nous aurons occasion de rendre graces à Dieu par nostre Seigneur Iesus Christ, puis que estans conioints à luy nous ne pouvons faillir de parvenir à la perfection de tous biens.

Or nous-nous prosternerons devant la maiesté de nostre bon Dieu etc.

たなら、私たちには常に良心の証言があるなどと、神に抗弁し
たり神と争ったりすることができないからです。私たちは本当
に死に値し、自分たちのせいで死に値したからです。

　そこで、この教えをしっかりと心に留めましょう。私たちの
内には一つの悪だけではなく無数の悪があると知ったなら、生
涯にわたって大いに役立つのですから。

　よって私たちは己を厭い、憎み恐れることを学びましょう。
その上で、主イエスにおいて私たちに現れた恵みのもとに赴
き、その恵みがなければ、徹底的に悪魔に取り憑かれ、以前と
同様にその支配を受けるに違いないと知りましょう。

　さらにまた、私たちにかけられた呪いをことごとく消し去っ
ていただくためにも、この恵みを尊ぶよう心掛けましょう。

　私たちのあらゆる悲惨が主イエス・キリストにより祝福され
るだけでなく、キリストが力を与えてくださるので、私たちは
今ある姿で栄光あるものになると知りましょう。多くの誘惑に
対して戦わざるを得なくとも、また私たちの側が弱くとも、そ
れらを打ち負かし、主イエス・キリストを通して神に感謝する
ことになるのです。キリストに結びつけられているので必ずや
あらゆる良きものの完成に辿り着けるからです。

　では私たちの恵みの神の御前に額ずき祈りましょう。

ONZIEME SERMON
Chap. II, v. 8–10

Τῇ γὰρ χάριτί ἐστε σεσῳσμένοι διὰ πίστεως· καὶ τοῦτο οὐκ ἐξ ὑμῶν, θεοῦ τὸ δῶρον· οὐκ ἐξ ἔργων, ἵνα μή τις καυχήσηται. αὐτοῦ γάρ ἐσμεν ποίημα, κτισθέντες ἐν Χριστῷ Ἰησοῦ ἐπὶ ἔργοις ἀγαθοῖς οἷς προητοίμασεν ὁ θεός, ἵνα ἐν αὐτοῖς περιπατήσωμεν. 『ギリシア語聖書』

8. Certes vous estes sauvez de grace par la Foy: et cela non point de vous. C'est donc de Dieu. 9. Non point par oeuvres, afin que nul ne se glorifie. 10. Car nous sommes son oeuvre, creez en Iesus Christ à bonnes oeuvres, que Dieu a preparées, afin que cheminions en icelles, 『カルヴァン聖書』

第十一の説教
第2章8-10節

　8. 事実、あなたがたは、恵みにより、信仰によって救われました。このことは、自らの力によるのではなく、神の賜物です。9. 行いによるのではありません。それは、だれも誇ることがないためなのです。10. なぜなら、わたしたちは神に造られたものであり、しかも、神が前もって準備してくださった善い業(わざ)のために、キリスト・イエスにおいて造られたからです。わたしたちは、その善い業(わざ)を行って歩むのです。　　　『新共同訳聖書』

　8. 事実、あなたがたは、恵みにより、信仰によって救われました。このことは、あなた自身によるものではなく、神の賜物です。9. 行いによるのではありません。だれも自分を誇ることがないためなのです。10. なぜなら、わたしたちは神の作品であり、神が備えてくださった善い業(わざ)をするために、イエス・キリストにおいて造られたからです。わたしたちはそれに従って歩むのです。　　　『カルヴァン聖書』訳

Sainct Paul a monstré ci dessus que nostre salut est le vray miroir où on peut contempler la gloire infinie de Dieu: car sur tout il veut estre cognu en sa bonté.

Et voilà aussi pourquoy il a monstré que devant que le monde fust creé, desia Dieu nous avoit eleus et choisis, voire n'ayant point esgard à rien qu'il peust trouver en nous: mais se contentant de sa pure misericorde.

Ici donc il conclud ce propos, et monstre quelle a esté son intention, quand il a declairé que nostre adoption depend et procede de ce que Dieu en son conseil eternel nous a eleus, c'est à sçavoir, que tous soyent comme aneantis, et que nous confessions tenir de Dieu et de sa bonté gratuite tout ce que nous sommes et ce que nous avons de bien.

Voilà pourquoy il dit *que nous sommes sauvez de grace, non point de nous: mais c'est un don de Dieu: non point des oeuvres.*

C'estoit bien assez d'avoir exclu tout ce que l'homme peut imaginer de bien et de ses vertus. Mais d'autant qu'il est difficile d'abatre l'orgueil auquel nous sommes par trop adonnez, S. Paul a reiteré ce propos, à fin qu'il fust mieux entendu et qu'il y en eust plus ample confirmation.

Or cependant nous avons à noter qu'il conioint la foy à l'opposite, tant pour monstrer le moyen de parvenir à salut, qu'aussi pour mieux specifier comme les hommes n'apportent rien de leur propre: mais qu'ils mendient de la pure grace de Dieu tout ce qui leur defaut.

パウロは先に、私たちの救いとは、神の限りない栄光を観ることができる、まさに鏡であると語りました。何よりも神はご自分の恵みが知られることを望まれたからです。

　だからまたパウロは、「世界が創造される以前に、すでに神は私たちを選んでくださった」と言ったのであり、しかも神は私たちの内にあるものを一切考慮されず、ただ御自身の純粋な憐れみをもって良しとされたのです。

　ここでパウロはこの点をまとめ、「私たちが子とされたのは神の永遠の計画において選ばれたことにあり、そこに由来する」と言明して、自分の意図がなんであったかを示しています。そこで、誰もが自らを空しくし、自分自身と自分の持っている善すべてが神とその無償の恵みに基づいていると告白しましょう。

　だからパウロは、「**わたしたちは恵みによって救われたのであり、自分自身によるのではない。それは神の賜物であり、わたしたちの行いによるのではない**」と言っているのです。

　人間が自分の善や徳について抱く考えをことごとく退けても良かったのですが、私たちに染み込んでいる傲慢さを打ち壊すのは難しいので、パウロはより深い理解とより大きな確信が生まれるようにと、この事柄を繰り返し取り上げたのです。

　さて注意すべきは、パウロが〔業と〕対比させて信仰を引き合いに出していることです。それは、救いに至る方法を示すためであり、また人間は自分からは何ももたらすことができず、自分に欠けている一切を神の純粋な恵みに求めることをより明らかにするためでした。

Car la foy abat et aneantit tout ce que les hommes presument de leurs merites: comme nous l'avons veu plus au long aux Galates: car là S. Paul monstroit que la foy supplee aux oeuvres, d'autant que nous sommes tous condamnez.

Et de faict, il n'y a autre iustice sinon d'obeir en toute perfection à ce que Dieu commande. Or nul ne s'en acquitte: nous voilà donc tous maudits devant Dieu, et ainsi il faut qu'il nous subvienne par sa bonté.

Et quand nous acceptons par foy la grace qui nous est offerte en l'Evangile, nous confessons quant et quant que nous avons besoin de Iesus Christ, pource qu'il n'y a en nous que perdition.

Aussi en ce passage quand il dit que c'est par foy, il monstre que si on fait comparaison de Dieu avec les hommes, qu'il nous faut venir comme tout nuds, et qu'il n'y a en nous que honte et confusion, iusques à ce que Dieu nous ait receus à merci.

Or pour confermer cela il adiouste *que nous sommes la facture de Dieu, qu'il nous a formez en Iesus Christ, à fin que nous cheminions selon les bonnes oeuvres qu'il a preparees.*

C'est autant comme s'il disoit qu'il a bien falu que Dieu nous previnst par sa pure grace. Car que pouvons nous (dit-il), veu que nous sommes comme charongnes pourries, iusques à ce que Dieu nous ait renouvelez par la vertu de son S. Esprit?

Ainsi, quand on cerchera du bien en l'homme, il ne le faut

信仰は、人間が己の功績と思い込んでいるものをすべて打ち壊し、無にするからです。それについては、ガラテヤの信徒への手紙〔3:11〕で詳しく見た通りです。その中でパウロは、私たちの誰もが断罪されているので、信仰が行いに取って代わると述べていました。

　実際、義とは、神の命令に全面的に服することに他なりません。しかし、誰もそれを成し遂げることができません。私たちは神の前ではすべて呪われたものであり、神の慈愛によって助けていただく他ないのです。

　そして福音のもたらす恵みを信仰によって受け取る時、同時に私たちにはイエス・キリストが必要なのだと告白しましょう。私たちの内には破滅しかないからです。

　そこで、この箇所でパウロが「**信仰によって**」と言っていますが、人を神の前に立たせたら、神が憐れみをもって受け入れてくださるまでは、私たちは丸裸で進み出る他なく、内にはただ恥辱と困惑があるのみだということを示しています。

　それを確証しようと、パウロは「**私たちは神の作品であり、前もって備えられた善い業に従って歩ませるために、イエス・キリストにおいて神が造られた**」と述べています。

　あたかも「神は純粋な恵みによって私たちに先行してくださる必要があった」と言っているかのようです。神が聖霊の御力によって新たにしてくださるまでは、腐った肉のような私たちに何ができようか、と言っているのです。

　したがって、人間の中に善を探そうというなら、人間の本性

pas venir prendre en sa nature, ni en sa naissance premiere, car là il n'y a que corruption: mais il faut que Dieu nous reforme devant que nous puissions avoir une seule goutte de bien.

Puis qu'ainsi est, il faut bien conclure que nostre salut n'a point d'autre source ni d'autre fondement que la pure misericorde de Dieu, veu que nous n'y pouvons aider en façon que ce soit. Voilà donc en somme ce que S. Paul a voulu dire.

Or toutesfois notons qu'ici il ne veut point seulement monstrer que nous avons besoin en partie de la grace de Dieu, et que nous soyons secourus par icelle, d'autant qu'il y a en nous quelque infirmité et defaut: mais il racle tout ce que les hommes pourront penser en leur coeur de merite, de dignité et de bonnes oeuvres.

Il monstre donc que nous sommes du tout inutiles, et que nostre salut n'est point seulement aidé de Dieu, mais qu'il le commence, qu'il le continue et le parfait, sans qu'il y ait rien de nostre costé.

Et voilà aussi que ces mots expriment, *Vous estes sauvez de grace, et non point de vous.*

Il est certain que sainct Paul met ici Dieu à l'opposite des hommes: et pour maintenir le droict qui luy appartient, il declare que quand nous aurons bien allegué tout ce que nous pourrons, voire ce qui semblera nous estre propre, que tout cela s'en ira en fumee.

にも、人間の第一の誕生にもそれを求めるべきではありません。そこには堕落しかないからです。私たちがほんのわずかな善でも持てるようになるのは神によって新たにされた後のことです。

そのようなわけで、私たちの救いには、神の純粋な憐れみ以外の源も土台もないと結論すべきです。どんなやり方であれ私たちがそれに手を貸すことはできないからです。要するにパウロは以上のようなことを言いたかったのです。

とはいえ、ここでパウロは単に、私たちの内にはなんらかの弱さや欠陥があるのだから、幾分かは神の恵みを必要とするとか、それに助けられると言おうとしたのではないことに注意しましょう。彼は人間が心の中で抱きうる功績や、尊厳や、善行をすべて削ぎ落としたのです。

つまりパウロは、私たちがまったく役立たずで、救いとは神に助けていただくだけではなく、神が始め、続け、完成されることであって、私たちからは何もできないと教えているのです。

「**あなたたちは恵みによって救われたのであり、自らの力によるのではない**」という言葉は、そういう意味でもあるのです。

ここでパウロが、神を人間の対極に置いているのは確かです。神に属する権能を主張しようと、私たちにできることすべて、それも私たちに固有と思われるすべてのものを引き合いに出しても、何もかもが煙となって消えていくと断言しています。

Car sainct Paul ne parle pas ici de quelque partie de merites ou dignité: mais il dit, *Non pas de vous.*

Comme s'il disoit, Quand les hommes dressent les cornes, et qu'ils cuident amener ceci ou cela pour obliger Dieu envers eux, on trouvera que depuis le sommet de la teste iusques à la plante des pieds ils n'ont que pure confusion.

Ainsi donc notons bien en premier lieu que S. Paul a ici voulu abolir toute gloire et hautesse des hommes, à fin que Dieu seul soit exalté.

Et mesmes il ne se contente pas de dire que c'est Dieu qui est nostre Sauveur, car ce mot eust esté obscur: mais quand il dit que c'est de sa grace, il monstre qu'il ne cerche ailleurs la cause qu'en luy.

Et voilà pourquoy au second membre il met le don: et à l'opposite il dit que nos oeuvres n'y peuvent rien.

Nous voyons donc en somme que Dieu desploye sa pure liberalité pour nostre salut, d'autant que nous ne pouvons rien: et si nous cuidons y avoir aidé, que c'est frauder Dieu de son droict, qui est un sacrilege insupportable, et que par ce moyen nous sommes dignes d'estre privez de ce que nous avions receu.

Car c'est pour le moins, quand nous ne pouvons apporter aucune recompense à Dieu, que nous luy facions hommage de ce que nous tenons de sa pure bonté: et luy, il se contente de ceste pure et simple confession-là, quand il nous voit humiliez.

パウロはここで、〔人間による〕なんらかの功績や尊厳を問題にしているのではありません。「**自らの力によるのではない**」と語っているからです。

　「人間が思い上がり、神に恩を売ろうとあれこれ持ち出しても、頭のてっぺんから足の裏までまったく恥じ入るだけだ」と言おうとしたかのようです。

　だから何よりもまず、ここではパウロが、神のみが讃えられるように、人間の自惚れや傲慢さを打ち砕こうとしたことに留意しましょう。

　しかもパウロは、神こそ我らの救い主であると言うだけでは満足しません。「救い主」という語では曖昧だったからでしょう。神の「**恵みによって**」と言うことで、彼は救いの根拠を神の内にのみ求めていることを明らかにしています。

　もう一つの用語として、〔8節の後半で〕パウロが「**賜物**」という言葉を挙げているのはそのためで、逆に言うと私たちの行いは何もなしえないと言っているのです。

　要するに、私たちが何もなしえないので、神は私たちを救うためにまったき寛大さを発揮してくださるということが分かるのです。私たちがその手助けをしたと主張するなら、神からその権能を奪うことであり、許しがたい冒瀆です。そうなれば、賜ったものを取り上げられても当然です。

　神には何もお返しすることができないのですから、少なくとも私たちは神の純粋な恵みからいただいたものに感謝すべきでしょう。すると神は、私たちが謙るのをご覧になって、この心からの告白に満足されます。

Mais s'il a telle ingratitude en nous, que nous vueillions usurper ce qui luy est propre, il est certain que c'est une iuste punition qu'il nous reiette du tout: comme celuy qui ne voudra point faire foy et hommage de quelque piece de terre, il en sera privé.

Or si en ces choses corruptibles de ce monde, et de si petite valeur, on punit celuy qui refuse le droict à celuy auquel il est obligé, que sera-ce quand nous viendrons nous mettre en la place de Dieu pour nous attribuer la louange de nostre salut, et que nous le voudrons forclorre de son droict? Ne voilà point une rage diabolique, qui merite bien que nous soyons abysmez du tout?

Tant plus donc nous faut-il bien observer ce qui est dit en ce passage, c'est à sçavoir, que nous sommes sauvez de grace, et qu'en cela nous n'avons rien: mais que Dieu nous donne tout ce qui appartient à nostre salut.

Et pourquoy? D'autant que nous ne pouvons rien du tout: il n'y a ne bonnes oeuvres, ni merites que nous puissions mettre en avant.

Au reste, ce mot encores merite bien d'estre pesé, quand il dit, *A fin que nul ne se glorifie.*

Car nous avons à recueillir de là que ce n'est point assez que nous attribuyons à Dieu une partie de nostre salut: mais il faut venir à ce poinct, et nous y renger, que nous ne puissions pretendre rien qui soit: mais que toute gloire soit tellement

しかし、私たちが恩知らずにも神ご自身のものを奪い取ろうとするなら、神にすっかり見捨てられても、それは当然の罰です。たとえわずかな封土でも、臣従の誓いを守らないならその土地を奪われるようなものです。

　この世の滅び行く、取るに足らぬ事柄においても、恩義ある相手にその権利を認めない者は罰せられるのですから、自分を神の位置に置き、救いの讃美を自分に帰し、神からその権利を奪おうとするなら、どうなるでしょうか。それはまったく破滅させられても当然の悪魔的な暴挙ではないでしょうか。

　ですから、この箇所で言われていることを一層心に留めなければなりません。つまり、私たちは「**恵みによって**」救われるのであり、それにはまったく関わっておらず、救いについてのすべては神が与えてくださっているのです。

　なぜかと言えば、私たちが何もなしえないからです。私たちには、主張できるような善行も功績もないのです。

　それに、「**だれも自らを誇ることがないためなのです**」〔9節〕という言葉も考慮すべきです。

　というのも、この言葉を通して、私たちは救いの一部を神に帰するのでは十分でなく、次の地点にまで達して、そこに身を置かねばならないからです。すなわち、どんな自分たちの力も主張できず、自惚れもすっかりへし折られて、神のみを卓越した方とすることです。それについては、他の箇所でも見た通り

abatue, qu'il n'y ait que Dieu seul qui ait toute preeminence: comme nous avons veu en d'autres passages:

et mesmes quand ce lieu de Ieremie estoit allegué, que Dieu n'estoit point glorifié comme il doit, et aussi que nous ne pouvons pas nous glorifier en luy, iusques à ce que tout ce que nous cuidons avoir de nostre costé soit ruiné et aboli.

Car il ne faut point ne que vertu, ne que sagesse, ne que force humaine ou iustice soit produite en avant, si nous voulons que Dieu retienne ce qui luy est propre et ce qu'il se reserve.

Or maintenant nous voyons que tous les partages que le monde a voulu faire avec Dieu, ne sont que vaines resveries, voire illusions de Satan, lequel tasche de nous faire à croire que nous pouvons quelque chose, à fin que nous soyons autant alienez de nostre Dieu.

Car cependant que l'homme pense avoir un seul grain de bien, il ne se dediera point à Dieu: mais il sera enflé d'une vaine presumption et se reposera en soy.

Satan donc a beaucoup gagné quand il nous persuade que nous pouvons quelque chose, ou bien que nous pouvons moyenner pour parvenir à salut: car c'est à fin de nous faire laisser de cercher en Dieu ce qu'il nous offroit.

Et voilà comme nous demeurons vuides: comme il est dit au Cantique de la Vierge, que ceux qui sont ainsi remplis de quelque outrecuidance, demeureront affamez et que Dieu se

です。

　さらに、「神にはしかるべく栄光が帰せられていない。それだから私たちが持っていると考えるものすべてが破壊され、捨てられるまでは、私たちは神の内に自らを誇ることはできない」というエレミヤの言葉[1]を引いた時も、見た通りです。

　神ご自身に固有で、ご自身の権限とされているものを、神に保持していただきたいと思うなら、徳も、賢慮も、人間的能力も、正義も持ち出すべきではないからです。

　今や、この世の人々が神と分かち持ちたいと思ったものはすべて、虚しい夢想であり、サタンによる幻覚に過ぎないということが分かりました。サタンは私たちが神から遠ざかるようにと、私たちに何かができると信じ込ませようとするのです。

　人間は一欠片（ひとかけら）でも善を有していると思っている限り、神に身を捧げないで、虚しい自惚れで膨れ上がり、自らに安んじてしまいます。

　したがって、私たちには何がしかのことはできるとか、救いに至るための手段を講じることができるなどと思い込ませた場合には、サタンの大勝利となるのです。神が私たちに賜るものを、求めさせないことが目的だからです。

　そうなると私たちは空しい者のままです。マリアの賛歌にあるように〔ルカ 1:51-53〕、思い上がりでいっぱいに膨れている

1）　該当する箇所は不明である。

moquera de leur vaine presomption.

Nous ne pouvons donc estre repeus de la grace de Dieu, sinon que nous la desirions, et que nous sentions nostre necessité: comme il est dit au Pseaume, Ouvre ta bouche et ie la rempliray.

Ainsi donc notons bien que les hommes seront disposez de recevoir de Dieu tout ce qui est requis pour leur salut, quand il n'y aura nulle reserve de leur part: mais que nous sçachions qu'il faut que toute gloire soit abolie.

Et (comme i'ay dit) par ce moyen les partages que le monde a pretendu de faire, tomberont bas. Car les Papistes sont bien contraints de confesser que sans l'aide de Dieu ils ne peuveut rien, et qu'ils sont par trop debiles pour resister à Satan, sinon qu'ils soyent fortifiez par le sainct Esprit.

Ils confesseront bien qu'ils ne peuvent pas meriter, sinon que Dieu supplee à leurs defauts, et aussi qu'ils ont besoin de la remission de leurs pechez.

Mais tant y a qu'ils ne veulent point quitter leur franc-arbitre et pensent bien se pouvoir avancer en partie: tousiours ils bastissent là dessus quelque merite:

et encores que la grace de Dieu du commencement les previenne, si est-ce qu'ils meslent parmi quelques efforts, et puis leur bonne volonté: et quand ils ont leur refuge à Dieu pour obtenir pardon de leurs fautes, ils apportent quant et quant leurs satisfactions.

者たちは飢えたままで、神は彼らの虚しい自惚れを嘲（あざけ）るのです。

　私たちが神の恵みを望み、その必要を感じない限り、恵みに満たされることはありません。「口を開けよ。わたしはそれを満たそう」と詩編にある通りです〔81:11〕。

　したがって、人間は自分の側にはなんら備えがなくとも、救いに必要なすべてを神から進んで受け取れると知りましょう。そしてあらゆる傲慢さを捨てねばならぬと弁えましょう。

　すでに触れたように、こうして世の人々が神と分かち持っていると思ったものは崩れてしまいます。というのも、教皇主義者さえも、神の助けがなければ自分たちには何もできず、聖霊によって強められなければあまりに非力で、サタンに抗（あらが）えない、と告白せざるを得ないからです。

　なるほど、彼らは神に自分たちの欠点を補っていただかなければ価値ある存在にはなれないし、罪を赦していただく必要があるとも言うでしょう。

　しかし、彼らは自由意志を放棄する気はまったくなく、幾分かは自分だけで進んで行けると考えており、そう言っていつもなんらかの功績を積み上げます。

　初めには神の恵みが彼らに先立って働くとしても、その中に何がしかの努力や己の善意を混ぜ入れ、罪過の赦しを得るために神に避けどころを見出す場合にも、同時に償いの行為をするというわけです。

Voilà donc comme les Papistes ne veulent point quitter purement à Dieu la louange de leur salut ou luy resigner: mais en retiennent une portion, ou la moitié, ou plus.

Or ici S. Paul passe plus outre, et nous monstre que Dieu est tousiours iniquement fraudé par nous et que sa gloire luy est ravie, iusques à ce que nous ayons oublié toutes ces fausses opinions desquelles le monde se deçoit. Sçachans donc que nous ne sommes rien, voilà comme nous glorifierons Dieu.

Et ainsi l'humilité n'est pas quelque feintise ou faux semblant: comme beaucoup pensent avoir contenté Dieu, quand en un mot ils diront qu'ils sont povres pecheurs et qu'ils sont tant debiles que rien plus: mais il faut que cela nous soit tout resolu, que ce que les hommes imaginent en leur cerveau et de merites, et de franc-arbitre, et de preparatifs, et d'aides, et de satisfactions, que tout cela n'est que mensonge et tromperie de Satan.

Quand nous cognoistrons cela, nous serons rengez comme nous devons: et alors Dieu aura son degré tel qu'il le merite, et luy ferons aussi l'hommage tel qu'il luy est deu.

Or cela ne se peut faire (comme i'ay dit) que tout ce que les hommes conçoivent et se forgent de bonnes oeuvres pour meriter envers Dieu, ne soit effacé.

Au reste, notons bien quant et quant, pour estre participans du salut que Dieu nous presente, qu'il nous y faut venir seulement avec la foy: car (comme il est dit en

このように教皇主義者は、救いの讃美をひとえに神に帰すことも委ねることもせず、その一部分、半分、あるいはそれ以上を自分のものにしているのです。

　ここでパウロはさらに進んで、世の人々をたぶらかすこれらすべての誤った考えを私たちが無視しない限り、神は常に不当に扱われ、その栄光は奪い取られると教えています。したがって、私たちは無に等しいと自覚してこそ、神に栄光を帰すことになります。

　このように謙虚さは、なんらかの見せかけやまやかしではありません。多くの人が、「私たちは哀れな罪人で、まことに非力です」などと一言(ひとこと)言えば、神を満足させられたと考えていますが、そうではなく、功績、自由意志、諸準備、助力、贖宥といった人間が頭の中で考え出したすべてのことはサタンの嘘であり、欺瞞(ぎまん)に他ならないとしっかり心に留めなければなりません。

　そのことが分かると、私たちはしかるべき位置に置かれ、神はご自身にふさわしい地位につかれ、当然受けるべき栄誉を得ることになります。

　またすでに触れたように、神の前で価値あろうとして、善行について人間が考え、でっち上げたことをすべて消し去らなければ、そうはならないのです。

　同時に、神が賜る救いに与るには、「信仰」だけを抱いていかねばならないと知るべきです。他の箇所でも述べられていますが、「信仰」は善行の力など一切借りなくともよいのです。「信仰」は律法によって明らかにされるにしても、神に私たち

l'autre passage) la foy ne prend nulle aide des bonnes oeuvres: combien qu'elle ait tesmoignage par la Loy, si est-ce qu'elle n'apporte rien devant Dieu pour l'obliger envers nous: mais plustost c'est pour tesmoigner que nous sommes aneantis du tout, que nous n'avons autre espoir sinon en sa pure liberalité:

comme celuy qui sera pressé de si grande necessité, qu'il ne peut pas à grand peine remuer un doigt, et n'a sinon la langue pour crier, Helas, qu'on m'aide, qu'on ait pitié de moy: ainsi faut-il que la foy vuide tout ce que nous avons de presomption en nous, et que nous recevions de Dieu tout ce qu'il nous offre, tellement que toute la louange luy en soit reservee. C'est donc ce que nous avons ici à retenir.

Or par là nous sommes admonnestez de n'estre point ingrats quand Dieu nous appelle et convie si doucement: mais d'accourir comme povres affamez, et avoir une affection ardente d'estre secourus de luy, d'autant qu'il luy plaist.

Car qui est cause que nostre Seigneur Iesus ne profite rien à beaucoup, sinon d'autant qu'ils ont les aureilles sourdes cependant que Dieu les exhorte de venir à luy?

Et mesmes les uns sont tellement abrutis, qu'il ne leur chaut de la vie celeste, moyennant qu'ils ayent ici à boire et à manger comme des pourceaux, ou bien qu'ils ayent à se plonger en leurs delices et voluptez: et les biens spirituels (où nous devons aspirer) ne leur sont rien.

の方へ振り向いていただけるようなものは何もないのです。むしろ私たちがまったく無力なものとされ、神の無償の寛大さによらねば、いかなる希望もないということを証するためなのです。

　ひどい窮乏に追いやられ、さんざん苦労しても指一本とて動かせず、ただ「ああ、お助けください、憐れんでください」と叫ぶ舌しか持たない人のようだということです。こうして、「信仰」が私たちの内にあるすべての傲慢さを取り除き、まったき讃美が神に捧げられるように、神が賜るすべてを受け取らなければなりません。この点をよく心に留めておかなければなりません。

　そこで神がいとも優しく私たちに呼びかけ、招いてくださっているのに、恩知らずであってはならず、哀れな飢えた者のように駆け寄り、救いへの熱い思いを抱くよう求められています。それこそ神の御心なのです。

　神が御許（みもと）に来るように勧めてくださっているのに、主イエス・キリストの存在が多くの人々にまったく役立っていないのは、彼らが聞く耳を持たないからであり、それ以外の理由があるでしょうか。

　ある人々は、あまりに愚かで、この世で豚のように飲み食いし、悦楽や快楽にふけっていられる限り、天上の命などどうでもよいのです。彼らにとって、霊的な富は（それこそ渇望すべきなのに）なんの価値もありません。

Voilà donc comme les uns ferment la porte à Dieu, pource qu'ils sont hebetez par les allechemens de Satan, qu'ils sont enyvrez, voire ensorcelez du tout aux delices de ce monde, ou en leurs pompes et honneurs, ou en leurs richesses, ou en leurs paillardises et autres dissolutions.

Les autres pensent avoir de quoy obliger Dieu envers eux: comme nous en verrons beaucoup d'hypocrites qui ne peuvent pas quitter ceste vaine confiance de laquelle ils sont enflez comme crapaux.

Ainsi en somme notons ce mot de foy, à fin que les delices et les commoditez de ce monde ne nous retiennent pas que nous n'eslevions nos coeurs à Dieu.

Et voilà comme il nous faut ficher nostre ancre au ciel.

Iamais nous ne pourrons avoir ceste fermeté de foy dont parle S. Paul, que nous ne passions viste par ce monde, et que nous sçachions que nostre heritage et repos est ailleurs.

Et au reste, qu'aussi nous reiettions toute vaine imagination que nous pourrions concevoir: car cela est pour nous destourner de Iesus Christ, tellement que nous ne pourrons parvenir à luy, et luy aussi n'aura nulle entree envers nous. C'est ce que nous avons à retenir de ce passage.

Or là dessus sainct Paul adiouste pour confirmation, *que nous sommes la facture de Dieu.*

Il n'entend pas que Dieu nous ait creez et mis en ce monde, mais il signifie que les hommes estans nais d'Adam,

このように、ある人々はサタンの誘惑に己を見失い、この世の享楽やその華やかさ、名誉、富、淫蕩（いんとう）その他の放縦に溺れ、心を惑わされているせいで神への扉を閉ざしています。

　またある人々は、神に顧みてもらえるものを持っていると思っています。つまり、虚しい自信でガマガエルのように膨れ上がり、それを捨てられない偽善者が数多くいるのです。

　だからこそ、私たちの心を神に向かって高める上で、この世の悦楽や安逸が妨げとならないよう「信仰」という言葉を心に留めましょう。

　私たちの錨（いかり）は天に下ろすべきなのです。

　私たちはこの世をまたたくまに通過し、私たちの嗣業と安息は彼（か）の地にあると弁えない限り、パウロの言う信仰の堅固さを得ることはできないのです。

　だから、頭の中で作り上げる虚しい考えをすべて捨て去りましょう。そうした考えは私たちをイエス・キリストから遠ざけるもので、主に達することができないし、主も私たちの内に入って来られません。この箇所では以上のことを心に留めましょう。

　そこでパウロは「**わたしたちは神の作品である**」と明言しているのです。

　彼は、神が私たちを造り、この世に置かれたという話をしているのではありません。人間はアダムから生まれたので、天上

sont inutiles pour la vie celeste, et que s'ils cuident acquerir quelque chose, ils s'abusent par trop, d'autant qu'ils sont comme creatures mortes, comme des charongnes où il n'y a que pourriture.

Qu'ainsi soit, il ne faut point cercher de glose plus loin qu'en ce mot où il dit que nous sommes creez en Iesus Christ.

Ici donc S. Paul fait comparaison de la double naissance qui est en tous fideles.

Car nous avons une creation generale, c'est que nous sommes pour vivre en ce monde: mais cependant Dieu nous cree pour la seconde fois, quand il luy plaist de nous donner une vie nouvelle par son Evangile: ie di l'engravant en nos coeurs et en nos esprits par sa vertu secrete: car la seule parole n'y suffiroit point.

Ainsi, quant à nostre premiere condition, il n'y a point de diversité entre les Iuifs, les Turcs et les Payens, et nous.

Cela donc est tout prins d'une masse, nous sommes tous enfans d'Adam, voire heritiers de l'ire de Dieu, maudits de nature, comme desia nous avons veu ci dessus.

Si donc les hommes s'examinent, et qu'ils s'enquierent de ce qui est de leur premiere naissance, ils trouveront qu'il n'y a en nous que peché et iniquité, et que ce que nous cuidons avoir de sagesse, n'est que bestise: ce que nous cuidons avoir de clairté pour discerner entre le bien et le mal, n'est que rebellion contre Dieu et toute malice: nous voilà donc en toutes les

の命にはふさわしくない存在であり、死んだも同然の生き物で、朽ち行くばかりの死体であるだけに、何かを手に入れたいと思っても、ひどく判断を誤ってしまうと言っているのです。

それゆえ、「**わたしたちは主イエス・キリストによって造られた**」と言うパウロの言葉の意味をこれ以上説明する必要はありません。

ここでパウロは、すべての信仰者の中にある二つの誕生について比べています。

まず私たちは、誰にも共通する生を受けています。つまりこの世の生ということです。しかし神が福音によって新しい命を私たちに賜ろうとされた時、二度目の誕生を授けてくださいます。つまり私たちの心と精神に隠れた御力によって福音を刻み込んでくださるのです。言葉だけでは充分でないからです。

このように、第一の状態に関しては、ユダヤ人も、トルコ人も、異教徒も、私たちもなんら異なるものはありません。

ひとくくりにすれば、私たちは皆アダムの子孫であり、先に触れたように、神の怒りを受け継ぐ、生来呪われた者なのです。

したがって、もし人間が自らを顧み、生来の状態を考えれば、私たちの内には罪と退廃しかなく、知恵があると思っていても愚かさでしかないし、善悪を見分ける明晰さがあると思うのは神への反逆、悪意に他ならないことが分かるはずです。それほど私たちの魂はあらゆる部分が隅々まで堕落しているのです。

parties de nos ames corrompus.

Or maintenant que pouvons-nous faire pour trouver grace devant Dieu et pour l'obliger envers nous?

Car si nous ne pouvons que tout mal, c'est enflammer son ire de plus en plus: desia devant que nous soyons sortis du ventre de la mere, nous sommes dignes de mort eternelle: tellement que quand nous n'appercevons pas le peché qui est en un petit enfant, si est-ce qu'il en a la semence en soy: et Dieu prononce que nous meritons tous d'estre abysmez au profond d'enfer.

Si donc un petit enfant desia devant qu'avoir veu la clairté du monde, est ainsi iustement condamné de Dieu, que sera-ce quand nous sortons ici bas pour monstrer que nous sommes malins et que nostre nature est du tout vicieuse ?

Et quand nous venons en aage, que pouvons-nous faire (comme i'ay desia dit) pour entrer en marché avec Dieu, tellement que nous puissions aider à sa grace et que ce soit le moyen de nous avancer à salut?

Voilà comme S. Paul a prins ce passage, disant que nous sommes l'ouvrage et la facture de Dieu: comme s'il disoit,

Povre creature,
tu te penses ici faire valoir en t'ingerant
pour alleguer quelque merite,
et que tu es pour commencer et pour approcher de Dieu,

だとすれば、神の前に恵みを得たり、神に顧みていただくのに何ができるでしょうか。

　というのも、私たちは悪しかなしえず、それは神の怒りをますます激しくさせるからです。母の胎から出ないうちにすでに私たちは永遠の死に値しており、幼児の内にある罪が私たちの目には入らなくとも、罪の種子はあるのです。神は、私たちの誰もが地獄の奥底に突き落とされるに値すると宣言しておられます。

　したがって、幼児がこの世の光を見る前から、すでに神にこのように断罪されるのが当然なら、この地上に生まれた後、邪悪で本性がまったく堕落している様を見せている私たちはどうなるのでしょうか。

　先ほども言いましたが、成人してから神と取引し、神の恵みを助け、それを救いへの手段とするほどのことが私たちにできるでしょうか。

　「**わたしたちは神の作品であり、御手の業である**」と言って、パウロはこの箇所を以上のように受け取ったのです。言うなれば、

　　哀れな生き物よ、
　　お前は功績を持ち出し、首を突っ込み、
　　自分の価値を高めようと思っている。
　　まずは自分がいて、神に近づく時には、

qu'il falle que de son costé il soit obligé à toy:

et quand as-tu commencé à cela?

Si tu dis que ç'a esté devant que tu fusses nay,

tu merites qu'on te crache au visage.

Si tu dis que c'est depuis l'aage de sept ans

iusques à l'aage de vingt ou trente,

quand tu as esté illuminé en l'Evangile:

au contraire, tu es assez convaincu que tu ne pouvois avoir

une seule goutte de bonne volonté,

mais que toutes tes pensees,

tous tes appetis estoyent autant de rebellions contre Dieu,

autant de gendarmes qui batailloyent contre sa iustice.

Tu n'as fait donc sinon batailler à l'encontre de Dieu,

depuis ta naissance.

Et encores si tu prens du temps que tu estois petit enfant,

ne discernant point entre le blanc et le noir,

si est-ce que tu estois de la race maudite d'Adam.

Ainsi tournes-toy de quelque costé que tu voudras,

il faut venir à raison et cognoistre

que tu n'as peu rien envers Dieu,

et par consequent que tout ce qu'il a besongné pour ton salut,

doit estre reservé à luy seul,

sans que tu en usurpes une seule goutte.

Nous voyons donc maintenant pourquoy S. Paul en ce

神の方がお前に感謝せねばならぬ有様。

だがお前はいつそんなことを始めたのか。

生まれる前からと言うなら、

顔に唾を吐きかけられても当然のこと。

それは7歳から20歳か30歳までのこと、

つまり福音の光に照らされるころまでというのなら、

逆にこう分かっているはず。

自分には一滴の善意もなかったし

考えも欲求もことごとく神に背いており、

神の正義に盾突く強奪者も同然だったと。

生まれてこのかた神に逆らっていたのだから。

白黒の区別もつかぬ幼児のころでも

やはり呪われたアダムの子孫だったのだ。

好きな方角に向いてみよ、

するとこう納得し、分かるはず。

神に対しては何事もできなかったし、

それゆえお前の救いのために神がなされたことは、

神ご自身だけの業であり、

いささかたりとも自分の手柄にはできないと。

今や、パウロがなぜこの節で、私たちを「**神の御手の業**、そ

passage nous appelle facture de Dieu, ou son ouvrage: comme aussi il est dit au Pseaume, que ceux qui estoyent domestiques de son Eglise estoyent son troupeau.

Car là le Prophete discerne les enfans d'Israel que Dieu avoit recueillis par sa pure bonté pour les separer des nations profanes.

Car il est certain que Dieu ne trouvoit point occasion de retenir ce lignage là à soy, et qu'il n'y avoit aucune dignité non plus qu'aux autres: mais c'estoit pource qu'il les avoit façonnez par sa pure misericorde. Ainsi donc auiourd'huy en est-il de nous.

Et ce qu'il adiouste nous doit encores tant mieux toucher au vif, que nous avons esté creez en Iesus Christ.

Car ici il monstre que ce que nous sommes creez d'Adam, n'est sinon pour nous mener à perdition; mais qu'il nous faut pour la seconde fois estre formez et creez, c'est à sçavoir en Iesus Christ, qui est le second Adam, comme il en parle au cinquieme chap. des Rom. et au quinzieme de la premiere aux Corinthiens.

Voilà donc quant à ce mot de creer: c'est bien pour clorre la bouche et pour abolir le caquet de ceux qui se vantent d'avoir aucun merite: car quand ils parlent ainsi, ils presupposent qu'ils sont leurs createurs.

Celuy qui s'attribue quelque franc-arbitre et qui presume

の作品」と呼んだのかが分かります。詩編の中でも、「神の教会に住まう人々は、神の羊の群れである」〔79:13〕と言われている通りです。

　預言者はここで、異教の民とは区別しようと、神がまったき慈愛によって集めたイスラエルの子らを選別しています。

　神にはイスラエルの家系をご自分のもとにとどめ置く理由はまったくなく、彼らにも他の民と同様、いかなる尊厳もなかったことは明らかです。神が純粋な憐れみによって彼らを形造られたから、そうなったのです。今日の私たちも同じことです。

　よって、「**わたしたちはイエス・キリストにおいて造られた**」という言葉は、私たちの心により一層染みるはずです。

　ここでパウロは、私たちがアダムにおいて造られたとは、私たちを滅びに至らしめるだけだが、第二のアダム、すなわちイエス・キリストにおいて再び形造られ、創造されなければならないと説いているのです。ローマの信徒への手紙第5章、コリントの信徒への手紙一第15章に言われている通りです。

　これが、「**造る**」という言葉の意味であり、自分になんらかの功績があると自慢する人々の口を封じ、無駄話をやめさせるものです。彼らがそのように言うのは、彼ら自身が自らの創造主であると思い込んでいるからです。

　自分にはなんらかの自由意志が備わっているとか、善を行う

d'avoir quelque moyen et faculté de bien faire, il est certain qu'il se veut mettre en la place de Dieu pour se monstrer createur.

Or il n'y a celuy qui ne deteste un tel blaspheme: les plus aveugles et les plus enragez encores auront-ils ce mot de creation sacré: ils diront que Dieu est le vray createur.

Or tu le confesses de bouche, et tu ne fais que mentir, hypocrite, quand tu penses avoir quelque franc-arbitre pour t'avancer au bien, et au salut.
Ainsi donc tu renies le premier article de nostre foy: car tu ne fais Dieu createur qu'à demi.

Ils confesseront donc assez de bouche que Dieu est createur, voire quant à la vie de ce monde, ils diront qu'ils la tiennent de luy.

Or maintenant il y a une vie plus excellente beaucoup, c'est celle que nous esperons et que nous possedons desia par foy, mais de laquelle nous n'avons pas la iouissance presente.

Et ceste vie-là en laquelle nous serons participans de la gloire de Dieu, combien est-elle plus precieuse et plus digne que ce passage que nous faisons en ce monde, qui n'est qu'une ombre qui s'esvanouit tantost?

Or quand on demandera aux Papistes, de qui ils tiennent ceste vie-là, c'est en partie de la grace de Dieu, disent-ils, et en

手段や能力があると過信している者は、自分を創造主のように見せ、神の地位につかせようとしていることは確かです。

　このような冒瀆を忌み嫌わない者はいません。甚だ蒙昧で、狂った者でも、この「創造」という言葉を神聖なものと考えており、神こそまことの創造主だと言うでしょう。

　　口ではそう言いながら、偽善者よ、
　　お前は嘘つきそのもの、
　　善や救いに向かう自由意志があると思っているとは。
　　こうして、お前は信仰の第一条を否定している。
　　神を中途半端な創造主にしているのだから。

　それだから、彼らは口では神を創造主と告白し、しかもこの世の生については神から受けていると言っています。

　ところで、それより、はるかに優れた生があるのです。私たちが望み、信仰によってすでに所有してはいるものの、現在のところ享受していない生のことです。

　この世で私たちが辿っている旅路は、すぐにも消え去る影に過ぎません。それに比べれば、神の栄光に与る天の生命は、どれほど貴重で、大切なものでしょうか。

　しかし、教皇主義者に、この天の生命を誰から得ているのかと尋ねたなら、一部は神の恵みから、一部は己の自由意志から

partie de leur franc-arbitre.

Puis donc qu'ils s'attribuent ainsi une portion de la vie celeste et qu'ils cuident faire ainsi partage avec Dieu, il faut conclure qu'ils sont donc leurs createurs.

Or là dessus ils repliqueront en protestant que iamais ne l'ont entendu, et qu'ils aimeroyent mieux mourir que de desgorger un tel blaspheme.

Voire, mais cependant lequel vaut mieux de se creer pour estre homme mortel en ce monde, ou pour acquerir la vie eternelle?

S. Paul declare que si nous pouvons faire quelque bien par nostre franc-arbitre et par nostre vertu, que Dieu n'est point pleinement nostre createur.

Or il dit que nous sommes son ouvrage et sa facture: voire quant à la vie celeste, il nous faut tousiours retenir cela: car S. Paul ne parle point de ceste vie transitoire, mais il est question de l'heritage du royaume des cieux.

Nous voyons donc comme les Papistes en leur orgueil despitent Dieu, comme vileins blasphemateurs qu'ils sont.

Et ainsi de nostre costé, si nous voulons estre participans de la grace qui nous a esté acquise en nostre Seigneur Iesus Christ, il faut que nous soyons despouillez de toute arrogance, et que nous cognoissions que nous avons commencé à bien faire quand il a pleu à Dieu de nous appeler à soy, et aussi qu'il nous a prevenus de sa pure liberalité.

と答えるでしょう。

　このように、彼らは天の生命の一部を自分に帰し、神と分かち合おうとしているのですから、彼らは自らをその創造主にしていると言わざるを得ません。

　すると、彼らは抗議して、「そんなつもりではなかったし、そんな冒瀆を吐くぐらいなら死んだ方がましだ」と反論することでしょう。

　いったい、この世に死すべき人間として造られることと、永遠の生命を獲得することとでは、どちらがより価値があるでしょうか。

　パウロは、もし私たちが自分の自由意志と力でなんらかの善をなしうるのなら、神は私たちの完全な創造主ではなくなると言っているのです。

　「わたしたちは神の作品、御手の業である」と述べており、しかも天上の生命については、この点をよく押さえておかなければなりません。パウロは、この世の過ぎ行く生命のことではなく、天の御国の嗣業のことを問題にしているのです。

　したがって、教皇主義者が思い上がって、どんなに神に歯向かっているか、どんなに悪辣な冒瀆者であるかが分かります。

　ですから、私たちとしては、主イエス・キリストにおいて得られた恵みに与りたいと願うなら、傲慢さをすべて捨て去らなければなりません。また私たちを御許に引き寄せることが神の思し召しにかない、御自身のまったき寛大さについて告げてくださった時、初めて善を行えるようになったと知らねばなりません。

En somme, S. Paul veut dire que tous ceux qui cuident avoir rien merité envers Dieu, se font à croire qu'estans morts, ou n'estans rien, que desia ils soyent habiles gens. Un trespassé que pourra-il faire?

Or est-il ainsi que nous sommes morts (ainsi que desia nous avons traitté ci dessus) iusques à ce que Dieu nous vivifie par le moyen de la foy et par la vertu de son S. Esprit.

Si nous sommes morts, qu'est-ce que nous produirons, et à quoy serons nous disposez?

Apres, nous ne sommes rien du tout: car ce mot de Creer, emporte que Dieu met en nous tout ce qui y est.

Comme quand il est dit qu'il a creé le monde de rien, c'est qu'au lieu que auparavant il n'y avoit rien, il a donné estre à ce qui n'estoit pas.

Ainsi quant à la vie spirituelle, si nous sommes creez, c'est à dire qu'auparavant nous n'estions rien du tout.

Or n'estans rien, serons-nous si habiles de pouvoir obliger Dieu à nous donner et eslargir ceci et cela? Ne sont-ce pas choses contre nature?

Et ainsi notons bien que pour cognoistre comme nous sommes sauvez de pure grace et que nous tenons tout du don et liberalité de Dieu, qu'il faut que nous venions à ce poinct,

つまりパウロは、自分が神にとってなんらかの価値があると思っている者は皆、死んだも同然で、無に等しいのに、有能な人間だと思い込んでいると言おうとしているのです。死んでいる人間に、何ができるでしょうか。

　そういうわけで、（先にも触れた通り）信仰を通し、聖霊の力によって神が生かしてくださるまでは、私たちは死んでいるのです。

　私たちは死んでいるのですから、何を造り出せるでしょうか。また何をしようという気になるでしょうか。

　それに、私たちはまったく無に等しい者です。「創造する」という語は、私たちの内にあるすべてを神が備えてくださるという意味ですから。

　「神は無から世界を創造された」[2]　と言われるのは、以前には何もなかったのに、「存在しなかったもの」を「存在する」ようにしてくださったからです。

　そのように、霊的な生命についても私たちが「創造された」とは、以前には何ものでもなかったということです。

　何ものでもない以上、私たちは、あれやこれやを与え、もたらしてくれるように神に強いることができるほど能力があるのでしょうか。それは自然に反することではないでしょうか。

　そこで次のことに留意しましょう。私たちは神のまったき恵みによって救われ、すべてのものを神の賜物と寛大さから受けていると知るには、神が私たちに存在を与えてくださったとい

2）「無からの創造（creatio ex nihilo）」は、キリスト教の教理の一つ。

c'est à sçavoir que Dieu nous a donné estre, comme il en est parlé au quatrieme chap. des Rom. à l'exemple d'Abraham: car au corps d'Abraham nous contemplons ce qui est en nos ames[1].

Quand Abraham a eu la promesse de Iesus Christ en son fils Isaac, voilà un homme caduque et sterile du tout: sa femme aussi a passé l'aage. Et ainsi, qu'il puisse de son costé engendrer, et que sa femme puisse concevoir, ce sont choses impossibles.

Mais il a creu à Dieu, qui appelle ceux qui ne sont point et leur donne estre, dit sainct Paul.

Ainsi donc, quand Abraham est comme un tronc de bois sec et qu'il n'y a nulle vertu ni vigueur en luy, et neantmoins qu'il accepte la promesse qui luy est donnee, là il nous faut contempler que nous ne pouvons estre participans de la grace de Dieu sinon que nous confessions nostre povreté, et que nous soyons aneantis du tout premierement, à ce que nostre Seigneur commence nostre vie, et quand il l'aura commencee qu'il la continue, iusques à ce qu'il l'ait amenee à sa perfection.

Au reste, notons bien quand il dit *en Iesus Christ*, que c'est pour nous amener à ceste corruption hereditaire, laquelle nous avons d'Adam.

---

1) このような理解は改革者カルヴァンにとって重要な視点である。カトリックでは、聖なるもの（聖遺物や聖画像など）を観て黙想（contemplatio）をするが、彼はそれが「聖書」でできると理解した。詳細は「序」の解説を参照のこと。

う点に思い至らなければなりません。ローマの信徒への手紙第4章でアブラハムの事例を通して語られているように、私たちは、自分たちの魂の中にあるものを、アブラハムの体を通して観るのです。

　アブラハムが息子イサクにおいてイエス・キリストの約束を受け取った時、彼は老い衰え、子などまったく作れぬ男であったし、その妻もまた年老いていました。ですから、この男が孕（はら）ませることも、妻が子を宿すことも不可能でした。

　しかしアブラハムは、まったく存在しない者を呼び出して存在させる神を信じた、とパウロは言っているのです。

　そういうわけで、アブラハムは枯木の幹のような有様で、活力も精力もないのに、与えられた約束を受け入れているのです。そこで次のことを思い巡（めぐ）らしましょう。すなわち、主が私たちの生命を開始されるためには、己の貧しさを告白し、まずまったく無にされなければ、神の恵みに与れないということです。開始させたその生命を主が持続させ、完成に至らせてくださるためです。

　さらに、パウロが「**イエス・キリストにおいて**」と言っているのは、私たちがアダムから代々受け継いできた堕落に目を向けさせるためだということに注意しましょう。

Car iamais nous ne pourrons passer condamnation, iusques à ce que nous soyons convaincus en nous-mesmes.

Et au reste, c'est pour monstrer que ce bien-ci n'est pas commun indifferemment à tous: mais seulement à ceux que Dieu a choisis: comme desia nous avons veu que devant la creation du monde nous avons esté eleus.

Or cela ne s'estend pas en general à toute la lignee d'Adam: mais à ceux qui sont renouvelez en Iesus Christ.

Ainsi donc, c'est autant comme si sainct Paul monstroit que c'est un remede necessaire, d'autant que desia nous sommes perdus et damnez quand Dieu nous retire de l'abysme auquel nous sommes, par le moyen de Iesus Christ.

Et c'est pour tousiours mieux confermer ce que nous avons veu par ci devant, que nous ne pouvons pas estre fideles, sinon que nous soyons creatures de Dieu, tenans de luy tout ce qui appartient à la vie celeste et ce que nous avons de biens spirituels.

Or quand nous sommes creez en Iesus Christ, c'est autant comme s'il estoit dit que toute la iustice, toute la sagesse, la vertu et le bien qui est en nous, que nous le puisons de ceste fontaine, et que Dieu ne l'espanche pas à la volee çà et là, mais qu'il a mis toute plenitude de ce qui appartient à nostre salut en Iesus Christ, et quand nous sommes faits membres de son corps, qu'alors nous communiquons aussi à tous ses biens: mais sans cela, que nous sommes retranchez de toutes les parties

私たちは自分で納得しない限り、断罪を受け入れないからです。

　それに、この恵みは誰彼を問わずあまねく及ぶわけではなく、神に選ばれた人々に対してだけ与えられることを示すためです。先に見た通り、私たちは世界の創造以前に選ばれていたのです。

　この選びはアダムの子孫にあまねく及ぶのではなく、イエス・キリストにおいて新しくされた人々に及ぶのです。

　このようにして、パウロはこれが必要な治療法であると教えたのです。神がイエス・キリストによって、私たちを奈落から引き出してくださる際に、私たちはすでに破滅し、断罪されていたからです。

　それはこれまで検討してきたことをさらに確認するためです。つまり、私たちが神の被造物であり、天上の命に属するものや、霊的賜物として持っているすべてを神から受けるのでなければ、神に忠実ではありえないということです。

　「わたしたちはイエス・キリストにおいて造られている」とは、次のようなことを述べたわけです。つまり、私たちの内にある、あらゆる正義、あらゆる知恵、徳、善は、〔イエス・キリストという〕泉から汲み上げており、神はそれをあたりに勢いよくまき散らしているのではなく、イエス・キリストによる私たちの救いに関する一切を満ち足りるほど備えてくださったのです。私たちがキリストの肢にされるとは、そのすべての賜物

de nostre salut, comme si nous estions de povres charongnes puantes, et qu'il n'y eust en nous que pourriture, ainsi que desia nous avons declaré.

Voilà donc ce que nous avons encores à observer, quand S. Paul dit que non seulement nous sommes la facture de Dieu, mais que nous sommes creez en Iesus Christ.

Or il adiouste, *Aux bonnes oeuvres, lesquelles il a apprestees, à fin que nous cheminions en icelles.*

Quand il met ici les bonnes oeuvres, c'est pour monstrer quelle est la folie des hommes, voire leur rage ou phrenesie, quand ils se persuadent d'apporter des bonnes oeuvres de leur costé, comme s'ils les avoyent en leurs manches et qu'elles fussent de leur creu.

Car il faut que Dieu les ait apprestees (dit-il) et que nous les tenions de luy.

Et c'est autant comme s'il disoit,

Or sus, venez alleguer ici vos prouesses et vos vertus:
entrez un peu en conte devant Dieu,
puis qu'on ne peut aneantir vostre orgueil
et que tousiours vous avez quelque corne levee:
produisez en avant tout ce que bon vous semblera.
Et bien, vous direz, Bonnes oeuvres:
comme les Papistes alleguent tousiours,
Ho, comment? Ne serons nous pas sauvez par nos merites

に与ることです。さもなければ、私たちは救いのすべての部分から切り離され、先に述べたように、悪臭を放つ哀れな骸[むくろ]の如きものとなり、腐敗するばかりとなります。

　パウロが「私たちは神の御手の業[わざ]である」ばかりか、イエス・キリストにおいて造られていると言っているのは、まさにこのように考えるべきことです。

　続いて、パウロは「**神が用意してくださった善い業[わざ]の道を歩みなさい**」と言っています。

　パウロがここで「善い業[わざ]」を持ち出したのは、それを人間の意のままになるものとし、自分たちでもたらしたかのように、それを差し出せると考えるとは、いかに愚かで、錯乱、狂気の沙汰であるかを示すためでした。

　パウロが言うには、「善い業[わざ]」は神が備えてくださったもので、私たちはそれを神から受け取るべきなのです。

　パウロはこう言っているかのようです。

　　さあ、お前たちの手柄や美徳を並べ立て、
　　神に申し開きをしてみるがよい。
　　お前たちの傲慢は叩きつぶせないし、
　　いつもどこか得意げだ。
　　都合良さそうなものはなんでも持ち出してみるがいい。
　　すると、「善行がある」と言うだろう、
　　教皇主義者が決まって口にするように。
　　「なんだって？　では、功績や善行では、救われないとでも

et par nos bonnes oeuvres?

Et où les puisez-vous, dit-il?

Les avez vous forgees en vostre boutique,

ou si vous avez un iardin où vous les puissiez cultiver et

cueillir, qu'il y ait ie ne sçay quoy de vostre labeur et

industrie, tellement que vous puissiez vous avancer?

Mais au contraire,

cognoissez que c'est Dieu qui les a apprestees.

Et faut-il que vous veniez repliquer à l'encontre,

quand il a eu pitié de vous

et qu'il s'est monstré si liberal envers vous?

Faut-il que vous presumiez de le venir payer et dire,

Nous avons dequoy?

Celuy qui aura este bien nourri et repeu,

et auquel on aura baillé argent pour dire,

 Voilà ce qu'il me faut: et ie le recevray de ta main:

se vantera-il puis apres d'avoir payé son hoste?

Voilà un hoste qui non seulement voudra faire aumosne

à quelqu'un: mais encore de superabondant,

apres l'avoir nourri et couché,

il luy dira, Voici de quoy payer,

à fin qu'il ne vous semble point que ie vous aye fait

aumosne comme par dédain, ie veux recevoir le

payement de vos mains:

言うのかね」と。
では問おう、その善行はどこで手に入れたのか？
仕事場ででっちあげたのか？
それとも善行の芽を育て、
刈り取れる自分の畑があるのだな？
何やらお前の働きと努力があり、
大いに自分の力を主張できるわけか？

だが、そうではない。
弁えよ、善行を備えてくださったのは神なのだ。
それなのに、口答えせずにはおれないのか。
神はお前たちを憐れみ、
かくも寛大さを示してくださったのに。
神のもとに来て支払い、「お金ならある」
などと言えると思っているのか。
たらふく食べて満腹した人に、宿の亭主が代金を渡し、
「これが食事代、あなたの手ずからいただこう」
と言ったなら、後になって亭主に、
「支払った」などと威張ることができるだろうか。
施すばかりか、溢れるほどに恵んでくれる亭主がいるのだ。
食事と宿を提供した上、
「代金ならほらここにある。
蔑む思いで施したなどと思われぬように、
あなたの手ずから受け取ろう。
しかも私の財布から取り出して」

voire, mais il sortira de ma bourse.

Or là dessus celuy envers lequel on aura usé
d'une telle gratuité, viendra-il dire qu'il a bien payé son hoste?
Voire, et en quelle monnoye?
C'est de l'argent qu'on luy a mis en la main.

Autant en est-il de ceux qui amenent en avant leurs bonnes
oeuvres, pour dire que Dieu ne les a point sauvez gratuitement,
mais qu'ils y ont aidé.

Voire, mais où ont-ils pesché ces bonnes oeuvres?

Voilà à quoy sainct Paul a pretendu, quand il dit que Dieu
a appresté les bonnes oeuvres.

Il est bien vray que Dieu preparera la vie des hommes
par la Loy, en laquelle il nous donne reigle certaine pour
cheminer selon sa bonne volonté: et c'est autant comme s'il
nous apprestoit le chemin où il nous faut marcher comme il
appartient.

Mais cela seroit du tout inutile, sinon que nous recevions
de Dieu les bonnes oeuvres.

Quand Dieu nous commande quelque chose, nous en
aurons les aureilles batues: mais cela n'entrera point iusques
au coeur, car nous sommes pleins de fierté et de malice: brief,
il est impossible que nous puissions estre obeissans devant
Dieu, iusques à ce qu'il nous ait amoli les coeurs et qu'il les ait
changez du tout.

と言うようなもの。

これほどの無償の行為を受けた者が、

「亭主には支払い済み」などと言えようか。

それにどんなお金で？

人からもらったお金だというのに。

　善行を持ち出して、「神が無償では助けてくださらなかったので、自分たちも手を貸した」と言う人は、こうした客と同じです。

　だがそんな善行をどこで手に入れたのでしょうか。

　だからこそ、**「神が善き業を備えてくださった」**とパウロが言ったのです。

　確かに、神は律法によって人間の生き方に備えをしてくださり、私たちが御心に従って歩むようにと確実な規則を与えてくださいます。私たちがふさわしい歩みをするために神はまるでその道を備えてくださっているかのようです。

　しかし、私たちが神から善き業を受け取るのでなければ、それはまったく空しいことです。

　私たちは、神に何かを命じられると、聞く耳を持たず、その命令は心の中まで入って来ません。私たちは驕りと悪意に満ちているからです。神が私たちの心を打ち砕き、完全に変えてくださるまでは、神の前で従順になることはできません。

Et c'est ce qui nous est declaré par les Prophetes et en toute l'Escriture saincte.

Il faut donc qu'il y ait une autre preparation que Dieu face, c'est à sçavoir, quand nous aurons este enseignez de luy, et qu'il nous aura monstré ce qui est bon et ce qui luy est agreable, que puis apres il nous reforme, et que par son sainct Esprit il nous gouverne et conduise tellement qu'il y ait un accord entre nostre vie et entre sa Loy.

Iusques à tant donc que Dieu appreste ainsi les bonnes oeuvres, c'est à dire qu'il nous les donne, en nous declarant sa volonté, et les face de sa vertu aussi, il faut que nous soyons du tout inutiles.

Or puis qu'ainsi est, maintenant apprenons de nous humilier devant Dieu, voire et pour le passé, et pour l'advenir.

Pour le passé, que cognoissans que Dieu nous a retirez du gouffre d'enfer, et qu'estans damnez de nature, il a voulu que nous fussion ses enfans, que nous ne soyons pas si outrecuidez de penser que nous ayons ceci ou cela: mais qu'il en soit glorifié selon qu'il en est digne: et que nous sçachions qu'il nous a retirez de la mort, à fin que le commencement, la source, l'origine et la cause unique de nostre salut, fust de sa pure bonté et gratuite.

Voilà en somme quelle est la vraye humilité pour donner la gloire de nostre salut à Dieu.

Or pour l'advenir il faut que nous cognoissions que nous

預言書や聖書全体がそれを明言しています。

　そこで神がもう一つの備えをしてくださるはずです。すなわち、神に教えを受け、善いことや、神が喜びたもうことを示していただいた上で、神によって造り変えられ、私たちの生活が神の律法と一致するほどに、神に聖霊を通して支配され、導かれねばなりません。

　このように神が善き業（わざ）を備えてくださるまでは、つまり御心を示し、善き業（わざ）を与えてくださり、また御力によってそれを実行してくださるまでは、私たちにはなんの価値もないのです。

　したがって、過去についても、未来についても、神の御前に謙虚になることを学びましょう。

　過去について言うなら、神が私たちを地獄の淵（ふち）から引き上げ、生来断罪された私たちを子にしようと望まれたと知って、自分たちにはあれこれと備わっていると思うほど、自惚れないようにしましょう。神の栄光をそれにふさわしく讃（たた）えましょう。そして、神が私たちを死から救い出してくださったのは、私たちの救いの始まり、源泉、また起源であり、唯一の理由は、神の純粋で無償の恵みによったのだと弁えましょう。

　これこそまことの謙遜であり、私たちの救いの栄光を神に帰すことになるのです。

　未来について言うなら、私たちは神に支配され、神と聖霊か

ne sçaurions remuer un petit doigt pour bien faire, sinon entant que nous sommes gouvernez de Dieu, et que de luy et de son S. Esprit nous recevions les bonnes oeuvres.

Ainsi, toutesfois et quantes que nous sentirons nostre debilité, allons au refuge à luy: et quand nous aurons bien fait, que cela ne nous enfle pas de quelque orgueil: mais que tousiours nous sentions que nostre obligation est tant plus estroite envers Dieu et qu'elle redouble tant plus.

Celuy qui sera encores bien debile, confessera qu'il est obligé tant et plus à la misericorde de Dieu, de ce qu'il le supporte: mais celuy qui marchera devant les autres, et qui est comme un miroir de toute saincteté, il faut qu'il confesse qu'il luy est encores tant plus obligé.

Et pourquoy? Car il n'a rien de son propre, il tient tout de Dieu et de sa pure liberalité.

Ainsi donc qu'en toute nostre vie nous cheminions en telle sorte, que d'an en an, de mois en mois, de iour en iour, d'heure en heure, de minute en minute, tousiours nous passions obligation devant Dieu, [parce] que ce que nous avons de bien il nous l'a eslargi de sa pure misericorde, et que nous le tenons de luy.

Or notons cependant pour conclusion, que sainct Paul ne veut pas ici dechiffrer par le menu toutes les causes de nostre salut: mais il a voulu abatre le caquet des hommes, à fin qu'ils n'apportent nulles vanteries, pour faire semblant que Dieu leur

ら善き業をいただかない限り、善をなすのに小指一本動かせないと弁えましょう。

　そこで、私たちは己の弱さを感じるたびに、神の御許に身を寄せましょう。善い行いをしても、驕り高ぶってはいけません。私たちはより一層神に負っており、それが倍にもなることをいつも感じていましょう。

　今なお心の弱い人は、支えていただいていることを神の憐れみに大いに負っていると告白するように。他の人の先に立って進み、聖性の鏡のような人も、一層神に負っていると告白しなければなりません。

　なぜでしょうか。そのような人でも自分本来のものなど何一つなく、すべてを神のまったき寛大さから受けているからです。

　したがって、私たちは、毎年、毎月、毎日、毎時、毎分と、常に神に負っていることに感謝し、生涯を歩むようにしましょう。私たちが持っている良いものは神のまったき憐れみによって賜ったものであり、神から授かったものです。

　結びとして以下のことを心に留めましょう。すなわち、パウロは、ここで私たちの救いの理由をこと細かく数え上げようとしているのではなく、無駄口をたたかせないようにしたかったのです。神の方が人間に負い目があるかのように見せて、自慢話をしないようにするためです。

soit redevable.

C'est assez donc à sainct Paul d'avoir fermé la bouche à tous hommes, tellement qu'ils ne presument point d'avoir rien qui leur soit propre.

Mais au contraire, quand Dieu nous donne les bonnes oeuvres, combien que ce soyent les fruits de sa pure bonté, si est-ce neantmoins qu'encores ne nous peuvent-elles rien acquerir envers luy: car il nous faut tousiours estre fondez et appuyez sur la remission de nos pechez: voilà où gist nostre iustice.

Brief, il y a deux choses qui sont requises pour attribuer à Dieu la louange qui luy est deuë de nostre salut: c'est que nous cognoissions tenir tout de luy: et puis, que nous cognoissions que tout ce qu'il nous a donné encores de bonnes oeuvres, et de bonne volonté, n'est pas pour nous faire obtenir grace envers luy, ne pour avoir quelque fiance asseuree: mais il faut qu'il nous supporte, et qu'il oublie et ensevelisse toutes nos fautes, et que par ce moyen nous soyons iustifiez devant luy, d'autant qu'il nous absout, encores que nous meritions d'estre cent fois condamnez.

Ainsi en somme quand il nous est dit qu'il n'y a ne franc-arbitre, ne rien qui soit aux hommes, c'est à fin que nous apprenions de donner gloire à Dieu, et que nous n'ayons plus aucune occasion de nous avancer.

Au reste, apres avoir cognu cela, quant et quant que nous

パウロにすれば、人間に固有なものがあるなどと思い込むことがないように、すべての人の口を封じれば十分だったのです。

　それどころか、神が善き業をくださるとは、それが神の純粋な恵みの賜物であっても、その善き業によって、私たちが神に対して何かをもたらせるわけではありません。私たちは、常に罪の赦しに基づき、それを支えとしなければならないからです。私たちの義がよって立つのはそこです。

　要するに、私たちの救いに関して神にふさわしい讃美を捧げるには二つのことが求められています。一つは、私たちは神からすべてをいただいていると知ることで、もう一つは、善き業や善き志として神から賜ったすべてのものは、私たちが恵みを受けるにふさわしいからではなく、信頼に価するからでもないことを知るべきです。神が支えてくださり、私たちの罪過をことごとく忘れ、覆い隠してくださることで御前において義とされなければなりません。私たちは百回もの断罪に値するのに、神に赦していただいているからです。

　要するに、自由意志も、人間に属するいかなるものもないと言われるのは、私たちが神に栄光を帰することを学び、自分を特別扱いする理由をもはや持たないようにするためです。

　そのことをよく弁えた上で、同時に私たちがいつも混乱と動

sçachions que nous serions tousiours en trouble et perplexité, n'estoit que nous sommes certains qu'en nous presentant à Dieu avec pleurs et gemissemens de l'avoir offensé, que nous obtiendrons tousiours grace et merci.

Et comment? Par ce qu'il luy plaist de nous absoudre: combien qu'il pourroit foudroyer contre nous et nous abysmer, si est-ce qu'il ensevelit nos offenses par le moyen de nostre Seigneur Iesus Christ et nous reçoit tousiours à merci.

Voilà donc comme en tout et par tout il faut que les hommes soyent confus en eux-mesmes, et qu'ils ayent honte de leur turpitude pour glorifier Dieu: et puis, qu'ils cognoissent qu'ils seroyent tousiours en doute et en angoisse, sinon d'autant que Dieu a tousiours pitié d'eux, et que la mort et passion de nostre Seigneur Iesus Christ est le sacrifice par lequel nous sommes reconciliez.

Voilà donc comme Dieu sera tenu et advoué vrayement pour Sauveur du monde: et voilà aussi comme nous attribuerons à la grace de nostre Seigneur Iesus Christ, ce qu'elle merite: ce sera quand tout ce que nous pretendons d'avoir de gloire, sera du tout rasé et aneanti.

Et au reste, que non seulement nous confessions que Dieu a mis en nous tout le bien qui y est: mais qu'il faut encores qu'il nous supporte en nos infirmitez, d'autant que nous ne cessons de provoquer son ire, iusques à ce qu'il face valoir la satisfaction qui a esté faite en la mort et passion de nostre

揺にあることを知りましょう。とはいえ、神に背いたことで涙と呻きをもって御前に出るなら、常に恵みと憐れみが与えられると確信しています。

　なぜなら、私たちを救すことが神の御心にかなっているからです。神は私たちを雷で打ちのめすことも、奈落に落とすこともできますが、主イエス・キリストによって私たちの罪過を覆い隠し、いつも憐れみをもって受け入れてくださるのです。

　それだから、あらゆる点で人間は自らの内で混乱しており、神の栄光を讃えるには自分の卑劣さを恥じなければなりません。また、人間は常に疑念と苦悩の中にいると認めましょう。しかしそのために神はいつも私たちを憐れんでくださり、主イエス・キリストの死と苦しみが私たちを神と和解させる犠牲となっていてくださるわけです。

　このようにして、「神は世界の救い主である」と認められ、告白されるのです。そしてまた主イエス・キリストの恵みにふさわしい讃美を捧げることで、自分にあると思っている栄光をすべて捨て去り、消し去ることになります。

　それに、私たちの内にある善きものすべてを神が備えてくださったと告白するだけでなく、弱さの中にある私たちを支えてくださると告白しましょう。主イエス・キリストの死と苦しみによる贖いが神によって私たちになされるまでは、私たちは神

Seigneur Iesus Christ.

Or nous-nous prosternerons devant la maiesté de nostre bon Dieu etc.

の怒りを挑発し続けるからです。

　では、私たちの憐れみ深い神の御前に額ずき、祈りましょう。

DOUZIEME SERMON
Chap. II, v. 11–13

Διὸ μνημονεύετε ὅτι ποτὲ ὑμεῖς τὰ ἔθνη ἐν σαρκί, οἱ λεγόμενοι ἀκροβυστία ὑπὸ τῆς λεγομένης περιτομῆς ἐν σαρκὶ χειροποιήτου, ὅτι ἦτε τῷ καιρῷ ἐκείνῳ χωρὶς Χριστοῦ, ἀπηλλοτριωμένοι τῆς πολιτείας τοῦ Ἰσραὴλ καὶ ξένοι τῶν διαθηκῶν τῆς ἐπαγγελίας, ἐλπίδα μὴ ἔχοντες καὶ ἄθεοι ἐν τῷ κόσμῳ. νυνὶ δὲ ἐν Χριστῷ Ἰησοῦ ὑμεῖς οἵ ποτε ὄντες μακρὰν ἐγενήθητε ἐγγὺς ἐν τῷ αἵματι τοῦ Χριστοῦ. 『ギリシア語聖書』

11. Partant ayez souvenance que vous estans iadis Gentilz en chair, appellez Prepuce au regard de celle qui est appellée Circoncision, faite de main en la chair:

12. que vous estiez en ce temps là hors Christ, estrangiers de la republique d'Israel, et estrangers des alliances qui contiennent la promesse, n'ayans point d'esperance, et estans sans Dieu au monde. 13. Mais maintenant par Iesus Christ vous qui iadis estiez loing, estes faitz pres par le sang de Christ. 『カルヴァン聖書』

第十二の説教
第 2 章 11–13 節

11. だから、心に留めておきなさい。あなたがたは以前には肉によれば異邦人であり、いわゆる手による割礼を身に受けている人々からは、割礼のない者と呼ばれていました。12. また、そのころは、キリストとかかわりなく、イスラエルの民に属さず、約束を含む契約と関係なく、この世の中で希望を持たず、神を知らずに生きていました。13. しかしあなたがたは、以前は遠く離れていたが、今や、キリスト・イエスにおいて、キリストの血によって近い者となったのです。　　　　　『新共同訳聖書』

11. だから、心に留めておきなさい。あなたがたは以前には肉によれば異邦人であり、肉において手による割礼のある者から無割礼の者と呼ばれていました。

12. またそのころは、キリストとかかわりなく、イスラエルの民に属さず、約束を含む契約と関係なく、この世の中で希望を持たず、神なしで生きていました。13. しかし、あなたがたは、以前は遠くにいたのに、今やイエス・キリストにおいて、キリストの血によって近い者となったのです。『カルヴァン聖書』訳

Combien que ce qui nous est presché en general de la grace de Dieu, nous doyve esmouvoir à fin de magnifier son nom et recognoistre les biens que nous avons receus de luy: tant y a que si on nous amene chacun à son privé, qu'alors nous devons estre plus touchez encores. Et voilà l'ordre que tient ici sainct Paul.

Car nous avons veu ce matin comme il a aneanti tout ce qui estoit des hommes, à fin qu'il n'y ait qu'un seul fondement de salut, c'est à sçavoir, la pure bonté de Dieu. Maintenant il applique cela en particulier aux Ephesiens, disant qu'ils doyvent penser à leur condition, en laquelle Dieu les a trouvez: comme si apres avoir parlé de tout le genre humain, chacun de nous estoit ramené à son experience propre.

Et de faict, ce qui est ici dit aux Ephesiens s'adresse aussi à nous: comme si en general on avoit parlé de la perdition en laquelle nous sommes trebusehez par la cheute d'Adam, on nous disoit,

> Regardez aussi,
> devant que Dieu vous appelast à sa cognoissance,
> quels vous estiez,
> et comment vous avez vescu,
> et en quelle bestise.

Voilà donc ce que nous avons à observer, c'est que sainct Paul, apres avoir declaré que tous depuis le plus grand iusques

私たちは、神の恵みについて一般的に説かれても心動かされ、神の御名を讃え、神から受けた賜物に感謝するでしょう。まして一人ひとり個別に語りかけられたならば、さらに心動かされるはずです。ここでは、そのような順序でパウロは語っています。

　私たちは今朝、パウロが人間に由来するものすべてを無価値なものとし、救いの唯一の根拠は神の純粋な慈愛にあるとしたことを学びました。さてパウロは、これをとりわけエフェソの人々に当てはめ、神がご覧になった時の彼らがどのような状態にあったかを考えるべきだと述べています。つまり、人類全体について語った上で、私たち一人ひとりが自分のしたことを省みるようにと言っているのです。

　実際、ここでエフェソの人々に告げられていることは、私たちにも向けられています。アダムの堕落によって私たちが陥った破滅について、一般的に語ったかのようです。つまり、

　　考えてもみよ。
　　神を知るようになるまで自らが、
　　どのような状態にあり、
　　どのように生きてきたのか、
　　どれほどの愚かさの中にいたのかを。

　よって注目すべきは、パウロが最も大いなる者から小さき者

au plus petit, doyvent confesser qu'ils tiennent leur salut de la pure bonté de Dieu, adiouste une declaration, voire specifiant ce que chacun des fideles doit cognoistre en sa personne. Il est vray que ce qu'il a dit pour ce temps là, ne conviendroit pas auiourd'huy en tout et par tout: mais si est-ce que ceste response de sainct Paul aura tousiours son cours et son usage.

Car combien que nous ayons esté baptisez dès nostre enfance, si est-ce que nous sommes descendus de ceux qui estoyent auparavant retranchez de l'Eglise de Dieu. Car les Iuifs avoyent esté separez d'avec toutes les nations du monde, comme un peuple que Dieu avoit dedié à soy.

Nous estions donc tous profanes, ie di nos Peres, devant que l'Evangile fust publié au monde. Mais encores par l'ingratitude de ceux qui avoyent esté appelez à la verité de l'Evangile, nous voyons quelle confusion est advenue et comme nous avons esté desbauchez, en sorte que nous estions comme retranchez de l'Eglise de Dieu.

Car le Baptesme que nous avions eu en nostre enfance, n'estoit sinon pour nous rendre coulpables au double. Car ceux qui ont esté plongez aux superstitions de la Papauté et en toutes les idolatries qui s'y commettent, avoyent comme quitté leur Baptesme et estoyent apostats: et ne pouvons pas nous excuser que nous n'ayons esté periures à Dieu, nous estans revoltez de son obeissance.

Ainsi il n'est pas question de nous glorifier ou de cercher

に至るまで、あらゆる人間は、神の純粋な慈愛によってのみ救われると告白しなければならないと述べた上で、信徒一人ひとりが自覚すべきことについて明瞭に告げている点です。確かに、パウロがその時代のために語った事柄を現在に何から何まで当てはめるわけにはいきませんが、パウロの答えは、今でも通用し、妥当するものです。

　私たちは幼年期から洗礼を受けていても、かつて神の教会から切り離された者たちの子孫なのです。ユダヤ人だけは、神がご自身のものとされた民として、この世のすべての民族から分かたれていたのです。

　つまり私たちは、私たちの先祖のことですが、福音がこの世に告げられるまでは皆汚れた存在でした。その上、福音の真理へと導かれた人々の忘恩により、どんな混乱が生じ、私たちがどれほど悪に染まったかが分かります。そこで神の教会から切り離されたも同然だったのです。

　幼い日に受けた洗礼も私たちを二重に有罪とするばかりです。なぜなら教皇庁の迷信やそこでなされているあらゆるたぐいの偶像崇拝に陥った者は、洗礼を捨てたようなもので、背教者なのです[1]。「私たちは神に偽ったりしません」などと言い訳することはできません。神への服従に逆らっているからです。

　そこで自らに栄光を帰すということをしたり、己の惨めさを覆い隠すために言い訳するなどもってのほかです。そうではな

---

1)　アダムの堕落により全人類が罪の咎めを負うという点（原罪）と、幼児洗礼を受けても、聖書の理解から逸脱した教皇主義の教会制度による儀式であるという点で、二重の罪が問われる。

quelque excuse pour couvrir nostre povrete: mais plustost confessons franchement que nous estions comme ennemis mortels de Dieu, et que nous meritions bien d'estre desadvouez du tout de luy, pource qu'il nous a tendu la main: à fin de nous ramener au chemin de salut. Ainsi donc en premier lieu, nous prendrons ce passage tel qu'il est couché pour l'appliquer aux Ephesiens: et puis nous regarderons d'en faire nostre profit.

Voici donc le contenu et la substance des mots, *Pensez* (dit-il) *et ayez memoire que iadis vous estiez Payens*. En premier lieu il distingue entre les Iuifs et ceux que Dieu avoit laissé cheminer en leurs tenebres. Car c'estoit un privilege special que Dieu avoit fait à la lignee d'Abraham, de l'adopter, pour dire, Vous serez mon peuple que i'advoue, comme si vous estiez de ma maison propre. Ceux donc qui n'estoyent point descendus de la race d'Abraham, estoyent comme bannis du royaume de Dieu et de son Eglise.

Or il adiouste, *en la chair.* Non pas comme souvent il parle, usant de ce mot comme par opprobre: mais il leur monstre que Dieu avoit declaré cela d'une façon visible, et qu'il ne faloit point estre fort subtil pour cognoistre combien leur estat estoit miserable.

Car la Circoncision (dit-il) estoit comme pour purger les hommes de leur immondicité. Et aussi ce Sacrement-là estoit establi de Dieu, pour monstrer que toute la semence des hommes est maudite, et que nous ne pouvons pas estre

く、「私たちは神の忌むべき敵であり、神にまったく見捨てられても仕方がなかったのだ」と率直に告白しましょう。神は、私たちを救いの道に導くために、御手を差し出されたのです。したがって、この一節をまずは書かれた通りに受け止めて、エフェソの人々に当てはめ、それから私たち自身の益とするように考えましょう。

　「あなたがたはかつて異邦人であったことをよく考え、心に留めなさい」というパウロの言葉の内容と実質は次の通りです。まずパウロは、ユダヤ人と、神によって闇の中を歩まされた者たちを分けています。神がアブラハムの一族を子らとして迎え入れ、「お前たちを私の家族の者であるかのように、私の民と認めよう」[2]と言われたのは、特別な恩恵だったのです。したがって、アブラハムの血を受け継いでいない者たちは、いわば神の国とその教会から締め出されていたのでした。

　ところで、パウロは**「肉によれば」**と言っています。彼は、しばしばこの言葉を「卑しい」という意味で使っていますが、ここではそうではありません。パウロは以下のことを伝えているのです。つまり、神はこの〔ユダヤ人が選ばれた〕ことを目に見える仕方で告げられ、彼らの状態がどれほど悲惨であったかを知るのに明敏である必要はないと言っているのです。

　「割礼」とは、パウロが言うように、人間を汚れから浄めるためのものだからです。またこの割礼というサクラメントが神によって制定されたのは、人間の子孫がことごとく呪われてお

---

2)　創世記 12:1-3、17:1-8 他。

vrayement sanctifiez ni purs, que ce que nous avons de nature ne soit retranché et aboli en nous.

Bref, comme auiourd'huy au Baptesme nous sommes enseignez de renoncer à ce qui est de nostre naissance: aussi la Circoncision estoit une marque pour monstrer que les hommes demouroyent tous pollus et abominables iusques à ce qu'ils eussent quitté leur nature. Or donc S. Paul dit que ce signe visible monstroit bien à tous les Payens qu'ils estoyent comme indignes d'approcher de Dieu, et qu'il n'eust pas daigné les recevoir en la compagnie des fideles. Car les Iuifs n'avoyent point inventé la Circoncision à leur appetit: mais (comme desia nous avons dit) Dieu les avoit separez d'avec le reste du monde, et le tout par privilege de sa pure grace et bonté.

Là dessus S. Paul adiouste encores, *qu'ils estoyent en ce temps-là sans Christ.* C'est pour mieux exprimer que les hommes sont en horrible dissipation, et qu'ils ne sçauroyent sinon se desborder, iusques à ce que Dieu les ait unis au corps de son Fils, et qu'il les ait adoptez pour ses enfans. Car nous sçavons que Iesus Christ est la clairté du monde, et qu'en luy reside toute iustice: qu'il est nostre redemption, qu'il est nostre vie.

Cependant donc que nous n'avons nulle accointance à luy, il faut que nous soyons comme povres aveugles en tenebres, il faut que nous soyons en la mort, que nous soyons desnuez

り、生まれつき備わっているものが切り離され、捨てられない限り、私たちは真の意味で聖化され、純化されることはないと示すためでした。

　つまり、今日、洗礼の際、生まれながらに持っているものを捨て去るよう教えられますが、割礼もまた生来の性質[3]を捨て去るまでは、人間は皆汚れており、おぞましいものであることを示す印でした。パウロによれば、この可視的な徴（しるし）は、すべての異邦人に対して彼らが神に近づくに値せず、神が彼らを信仰者の仲間に入れようとしなかったことを示すものでした。ユダヤ人が、割礼を勝手に作り出したのではありません。先に触れたように、神はユダヤ人らをこの世の他の人々から分けられましたが、すべては純粋な恵みと慈愛によるものでした。

　さらに、パウロは「**そのころ、彼らはキリストなしで生きていた**」と付け加えています。それは、人間が恥ずべき放蕩（ほうとう）の中にあり、神によって御子の体と一つにされ、子とされるまでは、道を外した生き方しかできないことを、一層よく言い表すためです。私たちは、イエス・キリストが世の光であり、彼の内には完全な義が宿っていること、つまりこの方こそ私たちの贖いであり、命であると知っているからです。

　よって、イエス・キリストとのつながりを持たない限り、私たちは暗闇にいる、目が見えない哀れな者で、死に瀕しており、聖性も、義も、美徳も、すべての良きものを奪われているので

---

3)　nature の意味は当時定義が難しかった。サン＝ヴィクトールのフーゴー（1096-1141 年）の『学習論』にはそれについての考察がある。

de toute saincteté, iustice, vertu et tout bien. Et d'autant que nostre liberté est de luy, il faut que nous soyons detenus sous la tyrannie du diable et de peché, iusques à ce qu'ils nous en ait rachetez.

Pour ceste cause donc sainct Paul nous ramene ici à Iesus Christ sous la personne des Ephesiens: à fin que ceux qui ne sont point participans de la grace du Fils de Dieu, cognoissent qu'il vaudroit mieux qu'ils fussent abysmez cent fois, que d'estre tousiours en cest estat-là. Et pourquoy? Car c'est autant comme si on disoit que nous n'avons que tout mal et perdition en nous, veu que nous ne pouvons avoir vie, ne salut, ne iustice, ni rien qui soit louable, sinon en Iesus Christ.

Il adiouste quant et quant, *la police d'Israel:* monstrant que toutes les promesses qui ont esté donnees aux Iuifs, estoyent fondees en Iesus Christ. Et ainsi ceux qui n'appartienent point à son corps, sont quant et quant privez de toutes les promesses de Dieu, et ne peuvent concevoir aucune esperance de vie que par imagination, en laquelle ils se decoivent.

Et de faict, il met, *les instrumens des promesses:* comme s'il disoit que Dieu n'avoit point appelé les Iuifs comme en cachette: mais qu'il avoit passé une alliance solennelle, laquelle estoit pour laisser tout le monde en sa condamnation.

Ainsi, selon que Dieu avoit avancé la lignee d'Abraham, il faloit que le reste du monde fust tant plus confus. Comme si des Princes ou des villes contractent alliance, les autres qui

す。私たちの自由はイエス・キリストに由来するのですから、このお方に贖っていただくまでは、悪魔と罪の専制の軛（くびき）につながれたままなのです。

こういうわけで、パウロはエフェソ人という〔特定の〕人々を通して、私たちをイエス・キリストのもとに導いています。神の御子の恵みにまったく与らない人々に、「相変わらずこのような状態にいるよりは何度も奈落に突き落とされる方がましだ」と分からせるためです。なぜでしょうか。生命も、救いも、義も、讃（たた）えられるようなものは何一つイエス・キリストの内にしか得られないからです。私たちにあるのは悪と破滅だけと言われているようなものです。

パウロは同時に「**イスラエルの民**」と付け加え、ユダヤ人に与えられたすべての約束は、イエス・キリストに基づいていることを示しています。したがって、キリストの体に属さない者たちは、それと共に神の約束をすべて奪われ、空想によってしか生命への望みを抱くことができなくなり、そうした空想で自分を欺いています。

実際、パウロは「**約束の証書**」と述べています。つまり、神がユダヤ人を密かに召し出したのではなく、ユダヤ人と正式な契約を結び、残りのすべての人々を断罪したと言おうとしたのでしょう。

こうして、神がアブラハムの一族を先に歩ませるにつれて、残りの人々は一層の混乱の中に追いやられることになったのです。君主や都市が同盟を結ぶと、そこから締め出された人々が、

en sont forclos, sont comme privez de ce qui est là contenu. Et quand Dieu a declaré qu'il acceptoit les Iuifs pour son troupeau, qu'il leur seroit Pere et Sauveur, il a declaré aussi que tout cela ne pouvoit parvenir aux Payens, lesquels estoyent comme delaissez de luy, et ausquels il n'avoit pas daigné faire une telle misericorde.

Finalement il dit *qu'ils estoyent sans Dieu:* qui est le comble de tout mal. Car qu'est-ce de l'homme quand il est ainsi reietté de son Dieu, et qu'il n'y a nul acces et n'en peut approcher? et que mesmes non seulement il est abandonné de Dieu, mais aussi qu'il ne peut sinon se plonger de plus en plus iusques au profond d'enfer, d'autant qu'il est comme contraire et rebelle à tout bien, et faire la guerre à Dieu comme s'il le despitoit?

Voilà en somme ce que sainct Paul met ici en avant, à ce que les Ephesiens appliquent à leur usage ce qu'il avoit dit ce matin touchant la cause unique de nostre salut: c'est qu'il n'y a que la pure grace de Dieu, laquelle il nous falle esperer.

Or venons maintenant à nous. I'ay desia touché en bref, que nos Peres ont esté de la condition que met ici sainct Paul. Et ainsi nous n'avons pas dequoy nous glorifier, toutesfois et quantes que nous pensons de quelle source et origine nous sommes procedez.

Car mesmes si les Iuifs auiourd'huy sont en tesmoignage de l'ire de Dieu et d'une horrible vengeance qu'il a exercee sur eux pour leur incredulité, n'y a-il pas bien occasion de baisser

同盟によって得られる益を奪われるようなものです。神は、ユダヤ人をご自分の群れとして受け入れ、彼らの父であり、救い主であると言明された時、こうしたこと一切が異邦人には及ばないと言われたのです。彼らは見放され、そのような憐れみを授けられませんでした。

　最後に、パウロは「**彼らは神なしで生きていた**」と述べていますが、これはこの上なく惨めなことです。このように神に退けられ、神に至る道もなく、近づくこともできなければ、人間はどうなるのでしょうか。それも、ただ神に見捨てられるだけでなく、ますます地獄の底に沈んでいくのです。そのような人は、あらゆる善意に敵対し、反抗し、まるで神を侮るかのように戦いを挑んでいるのですから。

　要するにこれがパウロの主張していることで、今朝彼が救いの唯一の根拠について語ったことをエフェソの人々が自分たちの実践に移すためなのです。つまり、神の純粋な恵みしかなく、私たちはそれを期待すべきだということです。

　次に私たちのことを考えましょう。すでに短く触れましたが、私たちの父祖は、パウロがここで述べているような状態にありました。つまり、私たちがどんな起源、どんな先祖から出て来たかを考えれば考えるほど、自分を誇れるものなど見当たらないのです。

　今日ユダヤ人が、神の怒りの証、その不信仰のゆえに神が果たされた恐るべき復讐の証であるとしても、欠けの多い悪い私

les yeux pour ceux qui ne sont que petis avortons? Car les Iuifs sont ceste racine saincte que Dieu avoit eleué, et nous avons esté entez en leur place. Si Dieu n'a point espargné les branches naturelles, que fera-il à nous qui avons esté introduits quasi contre nature?

Voilà comme sainct Paul nous exhorte à humilité, à fin que tousiours nous apprenions de nous rendre à la pure bonté de Dieu, et passer confession franche et pure, que nostre salut consiste en icelle. Or i'ay desia aussi touché en second lieu, que non seulement nos peres estoyent estranges de l'esperance de salut, pour ce qu'ils n'estoyent point adoptez avec les Iuifs: mais ceste horrible dissipation qui est advenue, et laquelle regne auiourd'huy encores par tout le monde, ne doit-elle pas aneantir tout orgueil et presomption, tellement que la grace de Dieu ait tant plus grand lustre sur nous?

Or (comme i'ay desia dit) combien que nous fussions baptisez, et que nous eussions gage de la bonté et adoption gratuite de Dieu: tant y a que nous avons esté povres idolatres, et nous sommes destournez de nostre Seigneur Iesus Christ, et ce que nous estimions le plus, au lieu de nous estre à salut, il nous eust esté tourné à condamnation plus griefve. Nous avons donc bien ici dequoy penser à nous.

Au reste, d'autant que nous sommes de courte memoire à magnifier les graces de Dieu, pesons bien ce mot dont use sainct Paul, quand il nous reduit en memoire ce que nous

たちにとっては、目を伏せるきっかけになるではありません
か。というのも、ユダヤ人は神の育てた聖なる根ですが、私た
ちはそこに接ぎ木された枝だからです [4]。もとからあった枝も
神が容赦されなかったのですから、まして自然に反するように
接ぎ木された私たちはどうなるのでしょうか。

　このように、パウロは、私たちに謙るよう常に勧めています。
神のまことの慈愛に身を委ね、私たちの救いがそこにあること
を素直に心から告白することを常に学ぶようにするためです。
すでに二番目に述べたことですが [5]、私たちの先祖はユダヤ人
と共に子とされなかったため、救いの希望とは無縁でした。そ
れだけではなく、あの恥ずべき放蕩が生じ、今日なお至るとこ
ろに蔓延していますが、そのせいで、私たちの驕り高ぶりは叩
きつぶされ、神の恵みは私たちの頭上に一層輝くのではないで
しょうか。

　ところで（すでに触れましたが）、私たちは洗礼を受け、神の
無償の慈愛に与り、子とされることを保証されたのに、相変わ
らず哀れな偶像崇拝者でした。しかも主イエス・キリストに背
を向けています。私たちが最も重視していたものが、救いにで
はなく、さらに深い断罪に私たちを向かわせたのです [6]。ですか
らここに私たち自身について考えるべき点があります。

　その上、私たちは神の恵みを讃えることを忘れがちなので、
パウロが用いている〔心に留めておきなさいという〕言葉をよ

---

4)　ローマ 11:24。
5)　189 頁 1 行目以下を参照。
6)　181 頁脚注 1 ）を参照。

pourrions oublier.

Car quand nous sommes revestus des graces de Dieu, et qu'il luy a pleu nous donner quelque bonne affection pour cheminer en sa crainte, et qu'il a tellement besongné en nous par son sainct Esprit, qu'on apperçoit qu'il y a du bien en nous, cela nous peut incontinent faire oublier quels nous estions auparavant, et la grace de Dieu est comme ensevelie par ce moyen.

A fin donc que nostre condition presente n'empesche pas que tousiours Dieu ne soit loué, et que sa bonté et grace ne soit precieuse comme elle en est digne, que iamais nulle succession de temps n'obscurcisse les biens que nous avons receus de Dieu, mais que chacun iour nous entrions comme en examen.

Et combien qu'auiourduy Dieu nous ait changez, et que nous ne soyons plus ceux que nous avons esté, toutesfois que nous reduisions en memoire que devant que Dieu eust pitié de nous, que nous estions comme povres brebis errantes et bestes du tout perdues, et que sans ce petit commencement, nous eussions esté abysmez un milion de fois plustost, si Dieu ne nous eust prevenus, et qu'il n'eust donné remede à ceste maudite condition en laquelle nous estions.

Voilà donc ce que nous avons à penser sur ce mot, quand sainct Paul exhorte les Ephesiens qu'ils reduisent en memoire ce qu'ils ont esté: combien que Dieu eust aboli ce qui leur devoit faire honte, et que desia il les eust marquez de son sainct Esprit, tellement qu'ils estoyent comme des perles precieuses,

く吟味しましょう。パウロは、私たちが忘れがちな事柄を思い出させているのです。

　神の恵みに包まれ、御心の内に神を畏れつつ歩もうとする良き心が与えられ、また私たちの中に善きものがあると感じ取れるほど聖霊を通して神が働きかけてくださっても、私たちはかつてどのようであったかをすぐに忘れ、それによって神の恵みはいわば覆い隠されてしまうのです。

　今のような有様であっても、常に神が讃えられ、その慈愛と恵みがそれにふさわしく尊ばれ、時が経つにつれて神の賜物が輝きを失ってしまわないように、自らを日々省みましょう。

　今日私たちは神によって変えられ、以前のような自分ではなくなっていますが、神が憐れんでくださるまでは哀れな彷徨える羊、迷子の家畜であったことを思い出さなければなりません。この最初の働きかけがなかったなら、また神が私たちの先を歩み、私たちが陥っていた呪われた状態に手を施してくださらなかったなら、何度も奈落に落ち込んだはずだ、ということを思い起こさなければなりません。

　パウロがエフェソの人々に対して、かつての自分の姿を思い起こすように説いた時の「**心に留めておきなさい**」という言葉はこのように考えるべきです。つまり、神は彼らの恥ずべき点を消してくださり、すでに彼らに聖霊による刻印を押し、貴重

si est-ce qu'il veut qu'ils pensent à eux: comme aussi ce sont les fruicts de repentance que met l'Escriture, quand Dieu nous a tendu la main, et qu'au lieu que nous estions desbauchez, il nous a retirez à soy, que nous ne laissions pas de nous souvenir de toutes nos fautes, voire pour nous y desplaire, et pour y estre confus et en avoir honte.

Quant à ce qu'il dit que les Payens doyvent bien baisser la teste, quand ils pensent qu'ils ont este pour un temps sans avoir aucun tesmoignage de la bonté et de l'amour de Dieu, par cela nous sommes admonnestez que c'est un bien singulier que Dieu nous fait, quand nous avons l'usage des Sacremens, qui nous sont comme gages qu'il nous tient et advoue de sa maison et de son Eglise.

Vray est que si nous en abusons, cela nous sera vendu bien cher: mais quoy qu'il en soit, quand les Sacremens seront estimez selon la fin pour laquelle ils sont ordonnez, il est certain que ce sont (comme i'ay desia dit) des thresors qui ne se peuvent assez priser ni estimer. Car en sortant du ventre de la mere, combien que nous ayons la promesse que Dieu nous tient de ses enfans, toutesfois si est-ce qu'en nostre chair il n'y a que pollution.

Or avons-nous le Baptesme? Là il nous est monstré que Dieu nous lave et nous purge de toutes nos immondicitez: apres, qu'il nous retire de la confusion en laquelle nous estions avec nostre pere Adam: qu'il veut que nous soyons revestus de

な真珠のようにしてくださいましたが、それは彼らが自分自身を省みるようにと望まれたからです。それはまた聖書の言う「悔い改めの実」[7]なのです。神は御手を差し伸べて悪の道に入らぬよう、私たちを御許に引き寄せてくださいましたが、私たちは自分の罪咎（とが）を皆覚えておかなければなりません。それが自分にとって不快であり、恥ずべきこと、不面目であったとしてもです。

　異邦人はある時期、神の慈愛と愛の証をまったく受けていなかったことを思い、頭（こうべ）を垂れなければならない、とパウロは言っていますが、そこから教えられるのは、私たちがサクラメントに与れるのは、神の特別の恵みによるということです。サクラメントとは、神が私たちを捉え、その家族、その教会の一員と認めてくださっているいわば保証なのです。

　サクラメントを恣意的に濫用すれば、その代償が高くつくのは確かです。ともあれ定められた目的に沿って重んじられるなら、（先にも触れたように）サクラメントをどれほど賞賛し、敬っても尽くしきれない宝物となります。神の子とされる約束を得ていても、私たちの体は母の胎を出た時から汚れきっているからです。

　「私たちは洗礼を受けていますよね」〔と誰かが言うかもしれません〕。洗礼とは神が私たちを洗い浄めてすべての汚れを落とし、そして父祖アダムと共に陥っていた惨めな状態から引き出してくださることを示しているのです。神は私たちがイエ

---

7)　マタイ 3:8、ルカ 3:8。

Iesus Christ, pour estre participans de tous ses biens, comme s'ils nous estoyent propres.

Nous voyons donc qu'emporte le Baptesme, et par consequent combien nous devons priser ceste grace quand Dieu approche ainsi de nous, et qu'il se declare nostre Pere d'une façon si familiere.

Autant en est-il de la Cene: car là il nous est monstré visiblement comme Iesus Christ est la vraye pasture de nos ames: que tout ainsi que nos corps sont substantez et nourris de pain et de vin, aussi nous avons nostre vie spirituelle de la propre substance du fils de Dieu.

Quand donc comme de main en main nostre Seigneur Iesus nous declare qu'il nous donne son corps et son sang pour nostre manger spirituel et pour nostre boire, ne voilà point une chose plus precieuse que tout ce que nous pourrions cercher en ce monde?

Or en cela voyons-nous quelle malice et perversité il y a en la pluspart. Car quant à la Cene, beaucoup y viennent qui se fourrent là comme des povres bestes, ne sçachans pourquoy elle est instituee. Les autres en font coustume et usance: et combien qu'ils ayent esté enseignez dequoy elle nous profite, si est-ce qu'ils n'en font que torcher leur bouche, ce leur est tout un, quand ils ont passé par là. Les autres mesmes la polluent à leur escient.

Et du Baptesme, nous voyons comme il en est. Car

ス・キリストを着て、私たち本来のものであったかのようにあらゆる恵みに与ることを望んでおられるのです。

洗礼が何をもたらしてくれたかが分かると、その結果、私たちはどんなに神の恵みを讃えるべきかが分かります。その時、神は私たちに近づき、いとも親しく「私こそ父である」[8] と告げてくださるのです。

聖餐についても同様です。そこでは、イエス・キリストが私たちの魂にとってまことの食べ物であるということが目に見える形で示されています。つまり、私たちの体がパンと葡萄酒によって養われ、育まれているように、私たちは神の御子の実体そのものによって霊的な命を得ています。

主イエス・キリストが、直接その体と血とを私たちの霊的な食べ物、飲み物として与えると宣言されているとは、この世で探し出せる何物にもまして貴重なものではないでしょうか。

しかしこれに関しては、大かたの人々の中には、どんな悪意や背徳があるかが分かります。聖餐には多くの人々が哀れな獣のように押し寄せてきますが、それがなぜ制定されたかを知りません。習慣やしきたりとして受け取っている人々もいます。聖餐がどのような益をもたらすかを教わったというのに、その教えを無視し、聖餐に与った後は、どうでもよくなってしまいます。それをわざと汚す人さえいます。

洗礼についてはどうでしょう。私たちは、神の恵みを一層確信するために、日々、洗礼と聖餐について考えなければなりま

---

8) ヨハネ 20:17、IIコリント 6:17-18。

第十二の説教 エフェソ書第2章11-13節 197

iournellement nous devrions penser, et non seulement une fois le iour, mais à chacune heure, tant au Baptesme qu'à la Cene, à fin de nous confermer tant mieux en la grace de Dieu. Or tant s'en faut que chacun applique là son estude, que si le Baptesme est celebré en l'Eglise, on n'en tiendra conte. A grand'peine en trouvera-on de cent l'un qui puisse dire proprement et exprimer qu'emporte ce signe de nostre adoption. Et cependant on voit le mespris qui est conioint avec l'ignorance.

Quand les graces de Dieu sont ainsi vilipendees entre nous, ne faut-il pas qu'en la fin apres avoir long temps enduré et nous avoir attendu en patience, qu'il se venge d'un telle profanation?

D'autant plus donc nous faut-il bien observer ce qui est ici declaré par sainct Paul, quand il dit que les Payens estans privez des Sacremens que Dieu a donnez à ses enfans pour tesmoignage de sa bonté et de son amour, sont d'une condition miserable, à fin que nous apprenions de magnifier ce privilege qu'il nous a donné: voire, non pas pour nous y glorifier follement, comme font les hypocrites qui abusent tousiours du nom de Dieu: mais à fin de nous inciter à faire valoir ce qui est d'un tel pris et de si grande valeur, et que nous cognoissions que nous ne valons pas mieux que ceux qui sont comme povres affamez, et ausquels maintenant Dieu ferme la porte, et ausquels il ne daigne pas communiquer ces gages-ci, où il nous declare et testifie qu'ils nous veut estre Pere.

Voilà les Turcs qui ont la circoncision comme les Iuifs: mais

せん。それも一日に一度ではなく、毎時間です。しかしそれに熱意を傾けるどころか、教会で洗礼が執り行われても、人は気にも留めません。洗礼は私たちが神の子とされたことの徴<ruby>徴<rt>しるし</rt></ruby>ですが、それが何を意味するのかを正しく語り、説明できる人は、百人に一人もいないでしょう。こうした軽視は無知と結びついています。

　私たちの間で神の恵みがこうも嘲<ruby>嘲<rt>あざけ</rt></ruby>られているなら、長い間我慢され、忍耐強く私たちを待ってくださった神も、ついにはこのような冒瀆に対して復讐なさるのではないでしょうか。

　したがって、パウロが、「異邦人は神の慈愛と愛の証として神の子らに賜ったサクラメントから外されているので悲惨な状態にある」[9] と述べていることを、なお一層考えてみなければなりません。それは、神にいただいたこの特別な恵みを讃える<ruby>讃える<rt>たた</rt></ruby>ことを学ぶためであり、神の御名をいつも濫用する偽善者たちのように、度外れに自分を讃える<ruby>讃える<rt>たた</rt></ruby>ためではありません。そうではなく、かくも貴く、価値あるものを讃美するように努め、〔サクラメントに〕飢え渇く哀れな者たち以上に自分が優れているわけではないと知るためです。神は、今、彼らに対して扉を閉ざし、サクラメントの保証を与えてはおられません。その保証によって、神は私たちの父となることを宣言し、証されているのです。

　トルコ人はユダヤ人と同じく割礼を受けていますが、それにはなんの価値もありません。もはや神の約束がまったくないか

---

9)　エフェソ 2:12 の意訳。

tant y a que tout cela n'est rien, pource qu'il n'y a plus nulle promesse de Dieu: et toutesfois si sommes-nous descendus de la race d'Adam comme eux. Pourquoy est-ce que nous avons le Baptesme, sinon d'autant que Dieu s'est voulu monstrer plus pitoyable envers nous, et qu'il a voulu monstrer les richesses de sa bonté?

Apres, les Papistes s'appeleront Chrestiens et auront le Baptesme commun avec nous: cependant les voilà privez de la saincte Cene, et mesmes ils ont ceste abomination de messe, en laquelle ils renoncent à la mort et passion de nostre Seigneur Iesus Christ.

Et qui est cause de nous avoir ainsi preferez à eux, sinon d'autant que Dieu a voulu que nous fussions comme miroirs de sa misericorde infinie? D'autant plus donc nous faut-il cheminer en crainte et solicitude, et priser ce que nostre Seigneur nous monstre estre si digne et si excellent, à fin d'en pouvoir tant mieux faire nostre profit.

Voilà donc pour un item, quand S. Paul parle ici de la Circoncision et du Prepuce. Car combien qu'en d'autres passages il dise que la Circoncision n'est rien, voire entant qu'elle estoit abolie et que l'usage en avoit cessé comme des autres figures de la Loy: si est-ce que du temps que Dieu l'a establie et que les Iuifs en ont usé sainctement, elle leur estoit un certain gage de l'adoption de Dieu, comme s'il les eust dediez à soy apres les avoir purgez de toutes les ordures qui

らです。とはいえ私たちも彼らと同じくアダムの子孫です。し
かし私たちに洗礼があるのは、神が私たちの方を憐れんでくだ
さり、その慈愛の豊かさを示そうとされたからではないでしょ
うか。

　ついで、教皇主義者はキリスト者を自称し、私たちと同じく
洗礼を受けています。しかし、彼らは〔本来あるべき〕聖餐を
失っており、しかもあの忌まわしいミサを行っています。それ
によって彼らは主イエス・キリストの死と受難を否認している
のです。

　神が彼らより私たちを良しとされたのは、私たちが神の限り
ない憐れみを映し出す鏡であってほしいと思われたからではな
いでしょうか。したがって、私たちは一層畏れと慎みをもって
歩み、主がかくも貴く、優れたものとして示されたサクラメン
トを重んじ、一層私たちの益としましょう。

　一つには、以上のようなわけで、パウロはここで割礼者と無
割礼者について語っているのです。他の箇所では、割礼にはな
んら意味がないと言い、それは廃止されたし、その習慣は他の
律法の役割と同じく終わりを告げたと言おうとしているので
す。しかし神が割礼を制定し、ユダヤ人がそれをうやうやしく
実践していた時代には、割礼は自分たちが神の子とされたこと
の確かな保証でした。あたかも、彼らがアダムの子孫にあるす
べての汚れから浄められ、神に身を捧げる存在とされたかのよ

sont en la race d'Adam.

Apres avoir parlé ainsi, il adiouste, *qu'ils estoyent sans Christ et sans promesses.* Ici il monstre que les Sacremens prennent et empruntent leur vertu de la parole de Dieu. Car s'il n'y avoit que des signes tous nuds, cela ne seroit pas de grande importance. Si la Circoncision eust esté donnee aux Iuifs sans aucune doctrine, dequoy eust servi cela?

Il est certain que les Iuifs n'en eussent pas mieux valu: mais quand Dieu dit, Ie suis le Dieu qui vous sanctifie, vous serez mes enfans, ie vous reçoy, et quant et quant ie vous veux retenir comme mon heritage, et d'autre costé aussi ie me donne à vous, ie seray vostre vie: quand donc la Circoncision a eu telles promesses, voilà comme elle a esté un thresor inestimable aux Iuifs, à cause que le fondement a esté mis certain, sur lequel les promesses ont esté fermes et comme ratifiees, c'est à sçavoir nostre Seigneur Iesus Christ.

Voilà donc pourquoy S. Paul conioint ici tant la police d'Israel, que les instrumens des promesses de Dieu, qu'aussi nostre Seigneur Iesus Christ. Or en parlant de la police d'Israel, il monstre que Dieu avoit choisi un certain lignage, lequel il vouloit estre sainct.

Il faloit donc conclure que tout le reste estoit profane. En parlant des instrumens des promesses, (comme i'ay desia touché) il monstre qu'il ne faut point regarder la Circoncision en soy: mais qu'il la faut reduire à sa droite fin. Il faut sçavoir

うに。

　そのように語ってから、パウロは「**彼らにはキリストも、約束もなかった**」と付け加えています。ここで示されているのは、サクラメントがその効力を神の言葉から受け取っているということです。もしそこに単なる徴<ruby>しるし</ruby>しかなかったのなら、大して重要なものにはなっていないはずだからです。もし割礼がなんの教えもともなわずにユダヤ人に与えられたとすれば、なんの役に立ったのでしょうか。

　もちろん、ユダヤ人が割礼のおかげでより優れていたというわけではありません。とはいえ神が「私はお前たちを聖別する神である。お前たちは私の子となり、私はお前たちを受け入れる。それと共に、私はお前たちを私の嗣業を継ぐ者とし、またお前たちに私自身を与える。私はお前たちの命となる」と言われた時、すなわち割礼がこのような約束を得た時、それはユダヤ人にとって比類なき宝となりました。というのも、土台である主イエス・キリストが堅く据えられ、その上に約束が揺るぎないものとされ、いわば確証されたからです。

　パウロがここで、イスラエルの民と神の約束の証書、および主イエス・キリストを結びつけているのは、そのためです。イスラエルの共同体について語ることで、神がある一族を選ばれ、聖なるものになるよう望まれたことを示しているのです。

　よって、その他の民は皆神とは無縁であったと言わざるを得ません。約束の証書について語ることで、先にも触れましたが、パウロは割礼そのものに注目するのではなく、その本来の目的

pourquoy Dieu a voulu qu'elle fust en usage entre les Iuifs: car autrement ce n'eust esté que singerie.

Comme les Payens ont eu beaucoup de folles devotions, ausquelles ils ont cuidé avoir quelque saincteté: mais tout cela n'estoit qu'abus et tromperie, car il n'y avoit nulle promesse de Dieu.

Comme auiourd'huy en la Papauté, ils diront qu'ils ont beaucoup de Sacremens: et puis tant d'agios et de badinages que rien plus: mais ce sont menus fatras que Dieu desadvoue. Et pourquoy? Car il n'y a nulle parole qui les sanctifie. Ainsi donc, notons bien que pour faire nostre profit des Sacremens, il nous faut tousiours estre enseignez en la doctrine.

Et voilà en quoy nous pouvons iuger que beaucoup sont retranchez de l'Eglise de Dieu, qui toutesfois s'estiment estre auiourd'huy des plus avancez.

Où est le fruict cependant de l'instruction qu'ils doyvent avoir pour estre participans des biens que Dieu leur offre? Ils allegueront leur Baptesme, ils diront qu'ils reçoyvent la Cene. Si on leur demande pourquoy, ils n'y entendent rien: et c'est comme abolir la vertu des Sacremens.

D'autant plus donc nous faut-il tousiours revenir là, c'est que nous apprenions de l'Evangile pourquoy le Baptesme nous est institué, quel est le fruict qu'il nous apporte, quel en est le droit usage et legitime: qu'aussi nous pensions dequoy la

に立ち返らせるべきであると教えているのです。神が、なぜ割礼をユダヤ人たちの慣習にすることを望まれたかを知らなければ、それは単なる猿まねになったことでしょう。

　異教徒たちは多くの愚かな勤行(ごんぎょう)を持っており、それによりなんらかの聖性が得られると思いましたが、まったくの濫用と欺瞞(ぎまん)に他なりませんでした。そこには神の約束がまったくなかったからです。

　今日、教皇派は「我々にはたくさんのサクラメントがある」と言うでしょう。それにこの上なく多くの儀式も馬鹿げた行為もありますが、それは取るに足らぬがらくたであり、神はお認めになりません。なぜなら、それらを聖別する御言葉がないからです。したがって、サクラメントを自分にとって有意義なものとするために常に教えを学ばなければなりません。

　こう考えれば、多くの人々が、神の教会から切り離されていることが分かります。とはいえ彼らは、今も正しい者の先頭にいると思い込んでいるのです。

　では、神が彼らに差し出してくださる恵みに与ることで得るはずの教えの果実は、どこにあるのでしょうか。彼らは、洗礼を持ち出し、聖餐を受けていると言うでしょうが、なぜそれらを受けているのかと聞かれると、何も分かっていないのです。これではサクラメントの効力が消し去られるも同然です。

　したがって、私たちは常にこの点に立ち返る必要があります。つまり、洗礼がなぜ制定されているのか、それがもたらす益は何か、その正しく、承認できる用い方とは何かを福音から学ぶということです。そしてまた聖餐が私たちにどう役立つか

saincte Cene nous profite.

Car si nous n'avons la parole, nostre Seigneur mesmes declare que les Sacremens que nous recevons sont comme abastardis, et qu'il n'y a que pure fausseté. Comme qui prendroit un seau pour l'afficher à une letre où il n'y eust rien dedans, ou bien qu'il y eust des imaginations et resveries controuvees, voilà une fausseté digne de mort.

Ainsi, d'autant que les Sacremens sont les seaux pour nous ratifier les promesses de Dieu et nous les rendre plus authentiques, si nous les separons de la doctrine, il est certain que nous sommes faussaires devant Dieu et ses Anges. Voilà donc encores ce que nous avons à retenir de ce passage.

Or il nous faut aussi noter que Iesus Christ est mis entre la police d'Israel, et les Sacremens et les promesses, pour monstrer que c'est de luy dont le tout nous depend. Car il est certain que iamais Dieu n'est approché des hommes sans Mediateur: car depuis qu'il hait l'iniquité, et qu'en Adam tous ont esté maudits, il a bien falu que nostre Seigneur Iesus intercedast, à fin que nous eussions quelque approche et acces à Dieu.

Et voilà pourquoy aussi S. Paul dit qu'il est l'Ouy et l'Amen de toutes les promesses: car iamais il n'y aura certitude aux promesses de Dieu sans Iesus Christ.

Et voilà pourquoy aussi en la Loy tout estoit dedié par sang, voire mesmes le livre de la Loy: quand on recitoit au peuple l'alliance et qu'on en faisoit publication solennelle, le

を考えることです。

　というのも、主ご自身が語られているように、もし御言葉がなければ、私たちが与えるサクラメントの効力は消え失せ、まったくの偽物に過ぎなくなります。それは、中身の入っていない封書や、でっちあげの妄想や夢想が書かれている封書に印章を押す人と同じです。それは死に値する欺瞞です。

　そこで、サクラメントは神の約束を確証する印章であり、約束が真正であることを一層保証するものであるだけに、それを教えから切り離せば、神と天使の前で偽証を働く者になるのは確かです。これもこの箇所から心得ておくべき事柄です。

　他にも留意すべきことは、イエス・キリストがイスラエルの民と、サクラメント、および約束との間に置かれているのは、すべてがこのお方によると示すためです。神は決して仲介者キリストなしに人間に近づくことはないからです。また不正を憎むお方であり、アダムによってすべての人が呪われたので、私たちが少しでも神に向かい、近づくためには、主イエス・キリストが執り成さねばならなかったからです。

　パウロが、すべての約束にはただ「然り」と「アーメン」を言うべきだと述べたのもそのためです [10]。神の約束はイエス・キリストを欠いては確実なものとならないからです。

　それだから律法においては、すべてが血によって捧げられたし、律法の書それ自体もそうです。民に対して契約の内容を唱えたり、それを正式に伝えたりする時には、律法の書は犠牲の

10)　Ⅱコリント 1:20。

livre estoit arrousé du sang du sacrifice, pour monstrer que toute la doctrine qui est contenue en la Loy, et toutes les promesses par lesquelles Dieu adopté à soy ceux qu'il a receus en son Eglise, qu'il faut que tout cela soit ratifié par le sang de nostre Seigneur Iesus Christ.

Et ainsi, voulons-nous avoir les promesses certaines et infaillibles?
En voulons-nous estre asseurez pour invoquer Dieu franchement et pour batailler contre toutes tentations?
Voulons-nous estre resolus de la remission de nos pechez?
Il faut que nous venions tousiours à Iesus Christ.

C'est beaucoup quand Dieu prononce de sa bouche sacree, qu'il nous veut reserver pour siens: mais si faudra-il que nous tremblions tousiours sous sa maiesté, iusques à ce que nous ayons tourné la veuë à Iesus Christ, et que nous sçachions que par son moyen Dieu nous tient agreables, et que nos pechez sont ensevelis pour ne point venir en conte.

Voilà comme il faut que les promesses, les Sacremens et tout ce que nous avons, soit ratifié par Iesus Christ. Bref, par comparaison humaine et pour parler grossement, c'est la vraye

血を振りかけられました[11]。それは、律法に含まれる教えのすべてや、神が教会に受け入れた者たちを子とみなすという約束などすべてが、主イエス・キリストの血によって確証されなければならないと示すためです。

> 我々は、確かで揺るぎない約束を望んでいるだろうか。
> ためらうことなく神に呼びかけ、
> あらゆる誘惑と戦う確信を望んでいるか。
> 罪の赦しについての確証を望んでいるか。
> ならば、我々はいつもイエス・キリストのもとに来なければなりません。

　神が聖なる御口を通して私たちを子と定めると述べておられることは大いなる恵みです。しかし、私たちがイエス・キリストに眼を向け、それによって神が御心にかなうものとしてくださることを知り、私たちの罪を不問として覆い隠していただくまでは、神の威光の前で常に身を震わせていなければならないでしょう。

　約束、サクラメント、そして私たちの得ているすべては、こうしてイエス・キリストによって確かなものとされなければなりません。要するに、人間的な比喩を用い、大雑把に言えば、

11）　歴代誌下 30:16、ヘブライ 9:19。

confiture pour nous donner saveur en tout ce qui appartient à nostre salut.

Car sans cela nous demeurerons tousiours gens transsis, et ne pourrons pas (comme i'ay dit) concevoir nulle fiance, nous ne pourrons pas avoir nos sens resolus, tellement que nous puissions approcher de Dieu et y avoir nostre refuge. Voilà pourquoy ici S. Paul non sans cause dit que ceux qui n'ont ne la Circoncision, ni les autres Sacremens pour estre consacrez à Dieu, qui n'ont point aussi les promesses de salut, que ceux-là sont sans Christ.

Or il adiouste une chose qu'on pourroit trouver dure et estrange de prime face, quand il dit, *que les Ephesiens ont esté sans Dieu.*

Car il est certain, encores qu'ils fussent povres idolatres, qu'ils avoyent quelque opinion que le monde ne s'estoit point creé de soy-mesme: comme nous sçavons que chacun retient tousiours quelque semence de religion:

et ceux qui se desbordent iusques là d'effacer toute cognoissance de Dieu, sont premierement monstres detestables et puis, combien qu'ils s'efforcent de mettre sous le pied toute cognoissance de Dieu, si faut-il qu'ils ayent des remors qui les picquent, en despit de leurs dents, et qu'ils sentent qu'ils ne peuvent pas eschapper de la main de Dieu. Quoy qu'il en soit, nous sommes enclins de nature à cognoistre qu'il y a un Dieu.

Et les Payens ont tousiours eu leurs devotions et leurs

それは私たちの救いにまつわるすべてのものに味わいを与えて
くれる、まことの香りなのです。

　これがなければ、私たちは絶えずおののき、先にも触れたよ
うに、いかなる確信も、確固たる判断力も抱くことができず、
神に近づき、神を避けどころとすることもできません。それだ
からパウロがここで、割礼も、神に捧げるべきその他のサクラ
メントも持たない者は救いの約束を得ていないし、キリストな
しで生きていると言ったのは当然のことです。

　ここでパウロは、「エフェソの人々は神なしで生きてきた」
と語っていますが、始めは手厳しく、違和感のある言葉に聞こ
えるかもしれません。

　彼らは憐れむべき偶像崇拝者でしたが、世界は決しておのず
とできたものではないという、なんらかの考えを抱いていまし
た。知っての通り、誰にでも常に何がしかの「信仰の種子」[12]
は備わっているからです。

　また、神認識をすべて消し去るほど常軌を逸した人々は何よ
りも忌むべき怪物であり、そのような人々がすべての神認識を
踏みにじろうとしても、心ならずも、後悔の念に身を苛まれ、
神の御手からは逃れえぬと感じるはずです。いずれにせよ、私
たちの内にはなんらかの神の存在を認識する傾向が生来あるの
です。

　異教徒もやはり（彼らの言う）敬神の情を持ち、神礼拝を
行って、なんらかの神性を崇めていると示してきたのです。で

---

12)　religionis semen 『綱要』(1.3.1)、(1.4.1) 他。

services divins (qu'ils appeloyent) pour monstrer qu'ils adoroyent quelque divinité. Comment donc est-ce que S. Paul dit ici qu'ils ont esté sans Dieu?

Or nous avons à noter que ce n'est point assez que les hommes confessent qu'il y a quelque divinité, et qu'ils taschent de s'acquitter de leur devoir en servant à Dieu: mais il faut quant et quant qu'ils ayent certaine adresse pour ne point extravaguer çà et là. Comme il est dit au premier chap. des Romains, que ceux qui transfigurent Dieu, s'esvanouissent en leurs folles pensees.

Or est-il ainsi que tous ceux qui n'ont point esté enseignez par la parole de Dieu, par la Loy, par les Prophetes et par l'Evangile, qu'ils ne sont point au droit chemin, et qu'ils sont comme en confus, qu'ils sont distraits çà et là comme roseaux branlans à tous vents, et là dessus qu'ils transfigurent Dieu. Car chacun se bastit et se forge des opinions cornues: et nous voyons que l'esprit de l'homme est une boutique d'idolatrie et de superstition: que quand chacun croira son sens, il est certain qu'il delaissera Dieu et se forgera quelque idole en son cerveau. Voilà quels nous sommes.

Or on peut bien dire que nous sommes sans Dieu, estans ainsi esvanouis en nos pensees et en nos fausses opinions. Et c'est pourquoy S. Paul dit que ceux qui ont cuidé adorer quelques dieux incognus, que ceux-là n'ont eu que des idoles et des fantosmes, et que Dieu ne leur appartient de rien: et ainsi, qu'ils estoyent du tout delaissez de luy, comme ils l'avoyent renoncé auparavant, et estoyent apastats. D'autant plus donc

は、なぜパウロはここで、彼らは「**神なしで生きてきた**」と言ったのでしょう。

　留意すべき点は、人はなんらかの神がいると告白し、神に仕えてその義務を果たそうと努めるだけでは十分ではないということです。同時に、あちらこちらへと道をはずさないように、確かな道筋を心得ていなければなりません。ローマの信徒への手紙第1章で、「神を造り変える者は、愚かな思いにふける」[13]と言われている通りです。

　神の御言葉、すなわち律法、預言、福音[14]から教えを受けなかった者は正しい道からはずれ、混乱の中にあり、風が吹けば揺らぐ葦のようにふらついています。そして神を造り変えてしまうのです。一人ひとりが突拍子もない考えを打ち立て、でっち上げてしまいます。人間の精神は、偶像崇拝と迷信の温床で、自分の分別を信じれば、神を捨て、頭の中で何かの偶像を造り出してしまうことが分かります。これが私たちの姿です。

　このように、自らの考えや誤った見解にふけっている私たちは、「**神なしで生きている**」と言われるわけです。だからこそパウロは、「知られざる神々」を拝みたいと思った人々に、偶像と幻影しかなく、「そのようなものの中に神はおられない」と言ったのでした[15]。彼らはかつて神を捨てたように、神に見放されて背教者となったのです。よって、私たちが崇めるべき神がどのような方であるかを知るように努め励まなければなり

13）　ローマ 1:21-23。
14）　「律法、預言、福音」という表現で、聖書全体を指す。
15）　使徒言行録 17:23-25。

nous faut-il travailler et mettre peine de cognoistre quel est le Dieu que nous devons adorer.

Nous avons desia dit que ce n'est pas excuse suffisante, si chacun allegue sa bonne intention et qu'il a voulu adorer Dieu: cela n'est pas de mise ne de recete: car Dieu n'approuve point la licence que prennent les hommes, quand ils se font à croire ceci ou cela.

Puis qu'ainsi est, maintenant il nous faut avec toute solicitude nous presenter à Dieu, à fin qu'il nous monstre le chemin pour parvenir à luy: car autrement nous ne ferons qu'errer, et celuy qui courra le plus viste, s'eslongnera tant plus, voire et se rompra en la fin le col. Voilà comme nous en serons, iusques à ce que Dieu nous ait tendu la main et qu'il nous ait mis au bon chemin, à fin que nous ne soyons pas comme povres bestes errantes tout le temps de nostre vie.

Au reste, d'autant qu'il nous a rendu tesmoignage de sa maiesté en l'Escriture saincte, il nous faut là tenir en bride, pour ne rien appeter de sçavoir sinon ce qui nous est là declairé. Quelle sera donc nostre adresse pour cognoistre Dieu? C'est quand nous souffrirons d'estre enseignez par sa Parole, et que nous aurons ceste sobrieté de recevoir sans contredit ce qui est là contenu, et que nous ne presumerons pas d'y adiouster rien que ce soit.

Et tant plus devons-nous avoir un tel soin, quand nous oyons ce que sainct Iean prononce, Qui n'a point le Fils, il n'a

ません。

　すでに述べたように、各々が自分の善い意図を引き合いに出し神を崇めようとしたと言っても、充分な弁明にはなりません。そんなことは通用しません。人間があれこれと思い込んだところで、神はそうした勝手をお認めにならないからです。

　そこで今や、私たちは心を込めて神の御前に進み出て、神に向かう道を示していただきましょう。そうしなければ、私たちは道に迷うばかりで、最も速く走る者がその分だけ離れてしまい、結局自滅することになります。私たちが生きている間中、彷徨う哀れな獣のような状態に留まらずに済むようにと神が御手を差し伸べ、正しい道に置いてくださるまでは、私たちはこのような有様です。

　それに、神が聖書においてその威光を示されたのですから、私たちはそこに留まり、そこで明言されていること以上を知ろうとすべきではありません。では神を知るための正しい道筋とはなんでしょうか。それは御言葉から教えられることで良しとし、語られていることに異を唱えぬ節度を持ち、そこになんであれ付け加えようなどと思わないことです。そこでヨハネが「御子を持たない者は御父を持たない」[16) と言っている言葉を一層深く心に留めなければなりません。

　すでに触れたように、神は御言葉の中にご自身を啓わされているのですから、そこにこそ神を探し求めるべきです。

---

16)　Ⅰヨハネ 2:22-23

point le Pere.

Tout ainsi donc que desia nous avons touché, d'autant que Dieu se revele en sa parole, que c'est là qu'il nous le faut cercher: aussi puis que nostre Seigneur Iesus est son image vive, que nous n'entrions point en des speculations trop hautes, pour sçavoir que c'est de Dieu: mais venons à Iesus Christ, et cognoissans que c'est son office de nous mener à Dieu son Pere, et que c'est par luy qu'il nous faut estre conduits, voilà comme nous ne serons point sans Dieu en ce monde.

Or si ceux qui mettent tant de peine pour servir à Dieu, et tracassent et se tormentent, sont ici condamnez d'estre sans Dieu, pource qu'ils n'ont point tenu la vraye reigle, mais qu'ils se sont abusez en leurs superstitions, que sera-ce de ces chiens et pourceaux qui n'ont plus nulle reverence de Dieu: et mesmes apres avoir eu quelque intelligence de la verité, apres avoir eu les aureilles batues de l'Escriture saincte, qu'ils se despouillent de toute cognoissance et s'abrutissent?

Comme nous en voyons auiourd'huy beaucoup, qui pour se donner du bon temps et pour faire grand chere à leur appetit, voudroyent esteindre ou obscurcir la clairté que Dieu avoit aliumee sur eux, voire iusques à despiter toute maiesté divine, comme s'il n'y avoit plus nulle instruction: nous voyons auiourd'huy ceste semence maudite estre esparse par tout le monde.

Or (comme i'ay desia touché) si les povres ignorans qui

また主イエスは神の生きた「かたち」なのですから、神とは何かについて知ろうと思い上がった思弁にふけってはなりません。そうではなく、主イエス・キリストの御許(みもと)へ向かいましょう。私たちを父なる神の御許(みもと)へ導いてくださるのが主イエスの役目であり、主によって導かれるべきだと弁えることです。私たちは、この世では神なしには生きられないのです。

　さて、神に仕えるために力を尽くし、奔走し、骨身を惜しまず働いている人々がここで「**神なしで生きている**」と断罪されているのは、彼らがまことの規範を守らず、迷妄にふけっていたからです。もはやいかなる神への崇敬の念もまったく持たない犬や豚のような人間はどうなるでしょうか。真理をいくばくか理解し、聖書を耳に叩き込まれたというのに、知識を捨て去り、愚か者となっているのだとしたら。

　今日見られるように、多くの人々は浮かれ騒いで日を過ごし、好きなだけ腹を満たし、神が照らしてくださった光を消したり、曇らせようとし、その上、もはやなんの教えもないかのように、神の威光をことごとく軽視しています。私たちは今日、こうした呪われた種子が世界中にばらまかれているのを目にしています。

　さて（すでに触れたように）、確かな道を一度も歩んだことがなく、哀れな盲人のようにあちらこちらをさ迷って神を求め

iamais n'ont eu nul chemin certain, qui ont este comme povres aveugles tracassans çà et là pour cercher Dieu, et qu'il ne se soit point declaré à eux: si ceux là n'ont point d'excuse, mais que Dieu les condamne, d'autant qu'ils n'ont pas eu une vraye racine, que sera-ce de ces malheureux qui despitent ainsi Dieu, et qui regimbent à l'encontre de luy, pour dire, Nous ne sçaurons plus que c'est de doctrine ni de vraye religion?

D'autant plus nous faut-il humilier, et cognoistre que puis que Dieu s'est revelé à nous, que maintenant nous sommes conioints à luy d'un lien inseparable, et qu'il s'est declaré nostre Pere, et qu'il a voulu nous faire membres du corps de nostre Seigneur Iesus Christ, et nous a unis à luy, à telle condition que tout ce qu'il a auiourd'huy nous appartienne: apprenons (di-ie) de magnifier ces graces là, et tousiours cognoistre quels nous avons este, et quels nous serions encores, sinon d'autant que Dieu s'est ainsi monstre pitoyable envers nous.

Là dessus on pourroit demander comment S. Paul a entendu ce mot de *Monde:* car il semble que hors du monde ils ne fussent point sans Dieu.

Mais ç'a este pour aggraver tant plus le mal, en disant quo les Ephesiens ont iouy de la clairté du soleil, et que tous les elemens leur ont servi, qu'ils ont receu tant de commoditez que Dieu leur a eslargies en toutes ses creatures, et cependant ils ne l'ont point cognu. Car qu'est-ce de ce monde, sinon un theatre

たのに、神に御自身を明らかにしていただけなかった哀れで無知な者たちが、なんの弁解も許されず、まことの根を持たなかったせいで神の断罪を受けるとしたら、まして神に対して歯向かい、逆らい、「教えとかまことの信仰とか、そんなものはもはや知らない」と言い張る哀れな者たちはどうなるのでしょうか。

　ですから、私たちは一層 謙って次のことを知らなければなりません。神がご自身を私たちに現してくださったので、私たちは固い絆で神に結ばれ、神は私たちの父であると宣言してくださり、私たちをイエス・キリストの体の肢にしようと望んで、イエス・キリストが現に持っておられるすべてを私たちのものとするためにキリストに結びつけてくださったということをです。私が言いたかったのは、こうした恵みの数々を讃え、神がこのように私たちに憐れみの情を示してくださった以上、そうでなかったら私たちはどんな人間であったか、今なおどのような者であるかを、常に弁えるようにと申しているのです。

　ここで、どのような思いでパウロが「この世の中で」と言ったかを問うてみましょう。この世の外では彼らは神なしではなかった、と思えるからです。

　つまり、「この世の中で」と言ったのは、エフェソの人々が太陽の光を享受し、自然の諸要素が彼らの役に立ち、神がすべての被造物に賜った良きものを彼らは充分受けたにもかかわらず、神を知らなかったと指摘することで、一層罪の重さを強調しているのです。この世は人々が神の威光を観るように神が望

là où Dieu veut qu'on contemple sa maiesté?

Eslevons les yeux en haut, le soleil, la lune et les estoilles ne nous conduisent-elles point à celuy qui leur a donné ces vertus que nous sentons? Car voilà le soleil qui est eslongné de nous de si longue distance, et toutesfois il nous esclaire.

Apres, il fait produire les fruicts de la terre: nous voyons aussi le cours qu'il a double: et combien qu'il vague de costé et d'autre, neantmoins que tousiours il retient ses compas, et qu'il n'oublie iamais combien il doit decliner et d'un costé et d'autre: et neantmoins c'est une masse si grande.

S'il est question seulement de soustenir un esteuf, il faudra quelque aide: et voilà le soleil qui n'est sousntenu sinon d'une vertu secrete de Dieu, et c'est toutesfois une masse si grande et infinie qu'il surmonte toute la terre: qu'il hausse, qu'il baissé, qu'il tourne, qu'il vire de costé et d'autre, si est-ce qu'il a tousiours son cours chacun iour par tout le monde et chacun an aussi à l'opposite: et neantmoins rien ne defaut en tout cela. Brief, quand nous contemplons les cieux, il faut bien que nous soyons ravis pour venir à Dieu.

Et puis, quand nous regardons ce qui est plus prochain de nous, une telle varieté de biens que Dieu nous eslargit. Brief, sans aller plus loin, entrons en nous-mesmes. Quand chacun regarde à l'un de ses doigts, quel artifice y a-il, et quelle bonté de Dieu?

Nous sommes donc en ce monde, là où Dieu desploye

まれている劇場に他なりません。

　目を上に向けてみましょう。太陽や、月や、星によって私たちは神に導かれているのではありませんか。神がそのような力をそれらに賜ったことを感じられるはずです。かくも遠くに隔たっている太陽が、私たちを照らしてくれるからです。

　また太陽は大地に果実を実らせます。さらに私たちは太陽の昼と夜との運行を見ることもできます。それがこちら側からあちら側に移っても太陽はその軌道を保ち、こちらからあちらにどれほど移るべきかも忘れません。かくも巨大な塊であるにもかかわらず。

　ボール一つ持ち上げるのにも何か支えが必要なのに、太陽は、神の秘められた力だけで支えられています。しかも、それは地球全体を上回る測りがたいほど巨大な塊なのです。太陽は、昇り、降り、回り、こちら側からあちら側に動きます。全世界を毎日規則的に巡（めぐ）り、毎年反対の位置に戻ります。しかもすべてにおいて欠けたところがありません。つまり、天に思いを馳せるなら、私たちは神の御許（みもと）に喜んで行きたいという思いに駆られるはずなのです。

　もっと身近なものを眺めても、神は実に様々なものを私たちに示してくださっていることが分かります。それほど遠くに行かなくても私たち自身を見ればよいのです。自分の指を一本見つめるだけで、それがいかに精巧にできているか、神の恵みが豊かであるかが分かるでしょう。

　私たちは、神があまたの奇蹟を起こされているこの世界にい

tant de miracles, ausquels il veut estre cognu et adoré, et cependant nous sommes abrutis, nous allons tousiours comme gens stupides sans aucune apprehension, ne cognoissans point le Dieu qui nous a creez et formez, celuy qui se monstre et se declare haut et bas en toutes ses creatures.

Ne voilà point donc pour oster toute excuse à ceux qui s'abrutissent en leur ignorance, et vivent ici, et gourmandent les biens de Dieu, et cependant ne parviennent point iusques à luy pour luy faire hommage et pour s'adonner à son service? Ce n'est point donc sans cause que sainct Paul a encores adiousté ce mot, que ceux qui avoyent este ainsi destituez de la cognoissance de l'Evangile, ont este sans Dieu en ce monde.

Or là dessus il nous met à l'opposite la grace qu'ils avoyent receuë, à fin qu'ils cognoissent qu'ils n'ont point acquis cela, et qu'ils n'y sont point venus par leur industrie et faculté: mais qu'ils doyvent bien sentir combien ils sont obligez à Dieu, d'autant que du profond des abysmes d'enfer il les a fait monter iusques au ciel.

Si Dieu seulement nous avoit tendu la main pour nous relever quand nous serions tumbez à terre, et qu'il nous laissast en nostre estat, desia nous serions bien tenus à luy. Car quand nous sommes tumbez, et que quelqu'un nous aide à nous relever, nous luy en sçavons gré, et devons aussi. Or voici Dieu qui ne nous a point seulement relevez de la terre: mais il nous a

ます。神はそうした奇蹟のうちに知られ、讃えられることを望んでおられます。しかし私たちは相変わらず愚かで、なんら理解力を持たない愚鈍な者と同じようであり、神が私たちを造り、形を与え、天と地の全被造物の内に現れ、ご自身を語っておられることをまったく分かっていません。

　ですから、無知のゆえに愚かしくこの世に生きて、神の賜物を甚だしく浪費しながらも、御許に赴いて神を讃え、神に献身的に全身で仕えぬ者たちは、どんな言い訳も許されないのではないでしょうか。パウロが、「福音を知らなかった人々は、この世で神なしで生きていた」と言ったのも当然です。

　それに対してパウロはエフェソの人々が受領した恵みを挙げています。彼らがそれを獲得したのではなく、己の努力や能力によるものではないと知り、どれほど神に恩義を受けているかを感じるべきであると告げています。彼らは、神によって奈落の底から天に引き上げられたのです。

　もし神が、地面に倒れ伏した私たちに手を差し伸べて起こすだけで、そのまま放っておかれたとしても、私たちは神に感謝すべきです。私たちが転んだ時、誰かが助け、起こしてくれたら、私たちはその人に感謝するし、それは当然なことです。神は地面から起こすだけでなく、地獄の淵から引き上げてくだ

retirez du gouffre d'enfer.

Apres, ce n'est point pour nous faire ramper ici bas et nous faire iouir des biens qu'il nous y persente: mais c'est pour nous eslever iusques au Royaume des cieux, comme noue avons veu par ci devant, que desia nous en sommes faits possesseurs par foy, et que nous sommes assis en la personne de Iesus Christ en ceste gloire qui nous a esté acquise par luy: car il y est entré en nostre nom.

Puis qu'ainsi est donc, n'avons-nous pas de quoy pour magnifier tant plus les graces de Dieu? Voilà l'intention de sainct Paul, quand il dit que maintenant par Iesus Christ *vous estes approcher de Dieu, vous* (dit-il) *qui en estiez si loin auparavant.*

Ainsi en somme (pource que le tout ne se pourroit pas maintenant deduire) cognoissons, d'autant qu'il semble que les hommes ayent quelque dignité en eux, qu'estans separez de Dieu, ils ne peuvent s'esgarer sinon à leur perdition, d'autant que de nature ils sont eslongnez de luy, voire retranchez du tout. D'avantage, cognoissons chacun pour soy, comme nous avions mis Dieu en oubli et nous estions entierement destournez de luy et desbauchez, iusques à ce qu'il nous ait rappelez à soy.

Ayans cognu cela, que nous apprenions de magnifier sa grace, en ce qu'il luy a pleu nous reconcilier à soy et abolir toute l'inimitié qui y estoit, et de ses ennemis mortels qu'il

さったのです。

　それは私たちにこの地上を這い回らせたり、授けてくださる楽しみを味わわせるためだけでなく、私たちを天の御国に引き上げるためです。先に見たように、私たちは信仰によってすでに御国の所有者とされ、イエス・キリストによって栄光に与っています。イエス・キリストが私たちのために得てくださった栄光です。キリストは私たちの名において栄光を受けられたからです。

　ならば一層、神の恵みを讃えるべきではないでしょうか。それこそ、パウロが、イエス・キリストによって「**あなた方は、以前は遠く離れていたが、今や神に近い者となった**」と言ったことの意味です。

　要するに（ここですべては語り尽くせないので）、人間には幾ばくかの尊厳が備わっているように見えますが、神から離れれば道に迷い、破滅する他ないことを心得ておくべきです。人間は生来神から遠いところにいて、完全に切り離されているからです。さらに、各々自分を省みて、神が御許に招いてくださるまで、私たちがいかに神を忘れ、ことごとく神に背き、堕落していたかを知りましょう。

　このことをよく弁えて、神が御心によって私たちを御自身と和解させ、私たちの内のあらゆる敵意を取り除き、ご自身の仇敵たる私たちを子として迎えてくださったことを覚え、神の恵みを讃えることを学びましょう。これらすべては、イエス・キリストの働きによってなされたと知りましょう。そのようにし

nous a faits de ses enfans: cognoissons que tout cela est par le moyen de nostre Seigneur Iesus Christ, à fin que nous puisions tout ce qui appartient à nostre salut de ceste fontaine-là.

Et puis, que nous cognoissions aussi que valent les aides que Dieu nous a donnees pour nous faire venir à Iesus Christ et nous confermer en luy, à fin que nous ayons une doctrine resoluë et asseuree. Comme quand l'Evangile nous est presché iournellement, Iesus Christ nous est là offert, comme aussi de son costé il nous convie à soy. Brief, il a les bras ostensus pour nous embrasser.

Cognoissons cela, et puis que nous adioustions les Sacremens: puis que Iesus Christ non seulement a commandé que l'Evangile se publie à haute voix, par lequel il declare qu'il est nostre Pasteur et qu'il veut que nous soyons son troupeau: mais qu'il nous conferme cela par le Baptesme et par la Cene, que nous gardions bien de rendre ces signes-là inutiles par nostre malice et ingratitude: mais que nous sçachions à quelle fin Dieu les a establis, et que nous les appliquions à tel usage que nous croissions en foy de plus en plus: et que nous soyons quant et quant enflambez en tel zele, que nous taschions de nous adonner pleinement à Dieu, puis qu'il luy a pleu se donner ainsi à nous.

Or nous-nous prosternerons devant la maiesté de nostre bon Dieu etc.

て、私たちの救いに関するすべてをキリストなる源泉から汲みましょう。

　また私たちが揺るぎなき確固たる教えを得るために、イエス・キリストの御許に召され、キリストにあって確かな者となるように、神が私たちに賜った助けがいかに大きいものであるかを知りましょう。福音が日々説かれるたびに、イエス・キリストはそこに御自身を差し出され、さらにキリストの方から私たちを御許に引き寄せてくださいます。つまりキリストが御腕を広げ、私たちを抱き留めてくだるのです。

　このことを弁え、それからサクラメントに与りましょう。イエス・キリストは福音を高らかに宣べ伝えよと命じられました。その福音によって、主はご自分が私たちの牧者であり、私たちがその群れであることを望むと宣言されます。さらに主はこれを、洗礼と聖餐によって確証しておられます。ですから私たちは、これらの徴を悪意と忘恩によって空しくしないよう注意しましょう。そして、神がいかなる目的でそれらを定められたかをよく理解し、信仰をますます養うためにそれを用いましょう。同時に私たちは、熱い思いを心に抱いて自らすべてを神に捧げるべく努めましょう。神がこのようにご自分を私たちに与えてくださったのですから。

　では、私たちの恵み深い神の御前に額ずき、祈りましょう。

おわりに

　カルヴァンが 48 回にわたって行ったエフェソ書説教は、4 編ず
つ、第 1 巻『命の登録台帳』、第 2 巻『神への保証金』という題で
出版し、今回の第 3 巻『恵みによって』を出版することで、最初の
12 編を翻訳したことになる。それにしても時間がかかり過ぎた。
ひとえに編集責任者の力不足にある。読者の皆様からの何度かの催
促もあり、ここに遅延したことをお詫び申し上げたい。

　今回も、フランス語からの翻訳に何人もの方々のご協力をいただ
いた。翻訳の労を取られた方々について最初に触れておこう。第九
説教の翻訳の第一稿は、野々村準、第十説教は、前半が野村信、後半
が久米あつみと竹下和亮、第十一、第十二説教がいずれも竹下和亮
である。この草稿をもとにして、久米あつみ（元帝京大学教授）、菅
波和子（元日本大学教授）、竹下和亮（国際基督教大学研究員）、鈴
木昇司（早稲田大学非常勤講師）、住田博子（大東文化大学非常勤
講師）、岩田園（上智大学博士前期課程）、野村信（東北学院大学教
授）の各氏の、様々な形での協力や交流によって完成に至った。

　またキリスト新聞社の富張唯氏の丁寧な校正に感謝したい。

　なお、この翻訳会は誰でも参加できるので、関心のある方は是非
ご連絡いただきたい。また読者方々の意見や質問は励みになるの
で、これからもご支援、ご協力を賜りたい。

主よ、わたしたちの主よ
あなたの御名は、いかに力強く
全地に満ちていることでしょう。

(新共同訳聖書　詩編第 8 編 2 節)

2020 年 2 月 26 日　灰の水曜日（レント）の日に

カルヴァン説教集 3
恵みによって──エフェソ書第 2 章（上）

2020 年 6 月 25 日　第 1 版第 1 刷発行　　　　　　　© 2020

編訳者　アジア・カルヴァン学会
代表者　編集責任　野　村　　信
発行所　株式会社　キリスト新聞社
〒 162-0814　東京都新宿区新小川町 9-1
電話 03-5579-2432
URL. http://www.kirishin.com
E-Mail. support@kirishin.com
印刷所　株式会社　光陽メディア

ISBN 978-4-87395-767-8　C0016（日キ販）　　　Printed in Japan

キリスト新聞社

カルヴァン説教集1 **命の登録台帳** エフェソ書第1章（上） ジャン・カルヴァン著 アジア・カルヴァン学会編訳 2,800円	『キリスト教綱要』や『聖書註解』の執筆と並んで、改革者カルヴァンが最も心血を注いだ御言葉の説教。「神の永遠の選び」を「命の書」と結びつけたカルヴァンの説教は、牧会者としての配慮や厳しさ、優しさにあふれている。現代の教会における講解説教の一つのモデルとなる説教集。フランス語・日本語対訳。
カルヴァン説教集2 **神への保証金** エフェソ書第1章（下） ジャン・カルヴァン著 アジア・カルヴァン学会編訳 2,700円	『命の登録台帳』の続編。「聖霊とは私たちの保証金である」と語るパウロ。そのエフェソの教会を想う心を蘇らすカルヴァンの肉声、迫真の語りが読者に迫る。現代の説教においても見過ごせないカルヴァンの説教者としての真骨頂を示す名説教の、臨場感あふれた精緻な邦訳。フランス語・日本語対訳。
新たな一歩を カルヴァン生誕500年記念論集 アジア・カルヴァン学会日本支部編 久米あつみ監修 2,500円	カルヴァン生誕500年を記念して編まれた珠玉の論集。カルヴァンを愛し、カルヴァンを楽しむ心をもつ読者・研究者の必読書！ 聖書解釈と説教（野村信）／カルヴァンの聖餐論（ヴィム・ヤンセ）／カルヴァンのレクイエム（吉田隆）／カルヴァンにおける人間的なるものの評価（関口康）／カルヴァンとロヨラ（久米あつみ）他。
ジャン・カルヴァンの生涯 上 西洋文化はいかにして作られたか アリスター・マクグラス著 芳賀力訳 3,000円	カルヴァン生誕500年に合わせて出版。原著は A Life of John Calvin（1990年）。近代西洋文化の形成に決定的な影響を与えたジャン・カルヴァンの実像に迫る、気鋭の神学者アリスター・マクグラスが放つ画期的評伝。上巻では原著第1章〜第6章を収録し、カルヴァンの伝記的な歩みを辿る。
ジャン・カルヴァンの生涯 下 西洋文化はいかにして作られたか アリスター・マクグラス著 芳賀力訳 3,200円	カルヴァン思想の全貌に迫る！ カルヴァンの思想が西洋文化の形成にどのような影響を及ぼしたのか、またその理由は何であったのか？ 原著第7章〜第12章を収録し、カルヴァンの神学的特質と社会史的影響を論述。現代を代表する神学者アリスター・マクグラスが放つカルヴァン評伝の完結版。

重版の際に定価が変わることがあります。価格は税別。